UMA LEIGA CHAMADA
Maria

JOÃO CARLOS ALMEIDA
— organizador —

UMA LEIGA CHAMADA
Maria

DIREÇÃO EDITORIAL:
Pe. Fábio Evaristo R. Silva, C.Ss.R.

CONSELHO EDITORIAL:
Ferdinando Mancilio, C.Ss.R.
José Uilson Inácio Soares Júnior, C.Ss.R.
Marcelo da Rosa Magalhães, C.Ss.R.
Mauro Vilela, C.Ss.R.
Victor Hugo Lapenta, C.Ss.R.

COORDENAÇÃO EDITORIAL:
Ana Lúcia de Castro Leite

REVISÃO:
Ana Lúcia de Castro Leite
Sofia Machado

DIAGRAMAÇÃO E CAPA:
Bruno Olivoto

Dados Internacionais de Catalogação na Publicação (CIP) de acordo com ISBD

L528   Uma leiga chamada Maria / organizado por João Carlos Almeida. - Aparecida, SP : Editora Santuário, 2019.
172 p. ; 14cm x 21cm.

Inclui índice.
ISBN: 978-85-369-0593-8

1. Cristianismo. 2. Maria. I. Almeida, João Carlos Título.

2019-568

CDD 240
CDU 24

Elaborado por Vagner Rodolfo da Silva - CRB-8/9410

Índice para catálogo sistemático:
1. Cristianismo 240
2. Cristianismo 24

1ª impressão

Todos os direitos reservados à **EDITORA SANTUÁRIO** – 2019

Rua Pe. Claro Monteiro, 342 – 12570-000 – Aparecida-SP
Tel.: 12 3104-2000 – Televendas: 0800 - 16 00 04
www.editorasantuario.com.br
vendas@editorasantuario.com.br

SUMÁRIO

Apresentação | 9

1. **Uma leiga chamada Maria** | 13
   Identidade e missão do leigo na Igreja e no mundo
   Pe. Alexandre Awi Mello, ISch

2. **Maria, a primeira leiga cristã – 1** | 41
   Na Palavra de Deus
   Dom Murilo Sebastião Ramos Krieger, scj

3. **Maria, a primeira leiga cristã – 2** | 55
   Nos Santos Padres
   Dom Murilo Sebastião Ramos Krieger, scj

4. **Maria: modelo do leigo discípulo missionário** | 73
   Leitura teológica do documento 105 da CNBB
   Cesar Kuzma

5. **O rosto mariano da Igreja** | 99
   Considerações teológicas e pastorais
   Afonso Murad

6. **A Virgem Maria na Tradição Ortodoxa** | 135
   Uma leitura a partir de oriente
   Pe. Gregório Teodoro

7. **Uma Igreja Mariana no Magistério do Papa Francisco** | 139
   Chaves de renovação para uma Igreja "em saída"
   Lúcia Pedrosa-Pádua

SIGLAS

AL	*Amoris laetitia* – Papa Francisco
CEC	Catecismo da Igreja Católica
CELAM	Conselho Episcopal Latino-americano
ChfL	*Christifideles laici* – Papa João Paulo II
CIC	Código de Direito Canônico
CNBB	Conferência Nacional dos Bispos do Brasil
DAp	Documento de Aparecida
DMd	Documento de Medellín
DPb	Documento de Puebla
DS	Denzinger – *Enchiridion Symbolorum*
DSd	Documento de Santo Domingo
EG	*Evangelii gaudium* – Papa Francisco
GE	*Gaudete et exsultate* – Papa Francisco
LG	*Lumen gentium* – Concílio Vaticano II
LS	*Laudato si'* – Papa Francisco
MC	*Marialis cultus* – Papa Paulo VI
MD	*Mulieris dignitatem* – Papa João Paulo II
PG	Patrologia – Série Grega
PL	Patrologia – Série Latina
RMa	*Redemptoris mater* – Papa João Paulo II

APRESENTAÇÃO

Uma das mais conhecidas canções de Pe. Zezinho, scj, que todos cantamos de cor, diz: "Em cada mulher, que a terra criou, um traço de Deus Maria deixou". É exatamente isso. Desde os primórdios, o cristianismo viu na Mãe de Jesus um modelo para a Igreja e até para cada cristão. Nos olhos da mãe, encontramos um reflexo do rosto de cada um de seus filhos. O Concílio Vaticano II trata disso em um texto lapidar: "Pelo dom e missão da maternidade divina, que a une a seu Filho Redentor, e pelas suas singulares graças e funções, está também a Virgem intimamente ligada à Igreja: a Mãe de Deus é o tipo e a figura da Igreja, na ordem da fé, da caridade e da perfeita união com Cristo" (LG 63). Maria é arquétipo, exemplo, modelo, ícone, figura.

Este livro procura aprofundar essa verdade tão antiga quanto nova, tão simples quanto profunda, tão bela quanto comprometedora, tão poética quanto teológica. Faz pensar e faz rezar. Entender a dimensão mariana da vida nos ajuda a entender nossa identidade e a própria identidade da Igreja. Trazemos na alma o DNA de Maria. Mesmo aquele que não é um devoto consciente da Mãe de Deus traz essa marca no mais profundo de seu ser. De alguma maneira, todos somos filhos de uma tal Maria de Nazaré, que ultrapassou a singularidade de uma periferia da Galileia para tocar na vida de cada pessoa que veio a este mundo. Maria é uma mulher universal.

Isso faz com que até mesmo quem não é cristão – muçulmanos e ateus, por exemplo – tenha por Maria estima e veneração, respeito e devoção. Ela é a mãe de todos os homens e mulheres. Alguns descobrem isso pelo estudo, pelo saber; outros acabam conhecendo pelo sabor, pela sabedoria popular, pela experiência espiritual.

Este livro procura o tesouro escondido da dimensão mariana da vida com a ajuda de diversos especialistas na área. Cada página vai levar você a uma pequena descoberta. É como completar um quebra-cabeças e, ao final, verificar a imagem que se formou: ícone da Mãe de Deus. São páginas para serem lidas, mas também para serem rezadas.

Pe. Alexandre Awi Mello, Secretário do Dicastério para os Leigos, a Família e a Vida, em Roma, abre as reflexões com um capítulo primoroso, que dá título ao livro: "Uma leiga chamada Maria". A expressão é inspirada na reação do Papa Francisco quando Pe. Alexandre lhe disse que viria ao Brasil para um congresso com essa temática. É bonito, mas o que significa exatamente essa afirmação?

A profundidade destas primeiras páginas exige ler e saborear sem pressa, para entender que Maria foi realmente "a primeira leiga cristã". Esse será o foco do segundo e terceiro capítulo, sob responsabilidade do Arcebispo de Salvador, Dom Murilo S. R. Krieger. Sua contribuição busca os fundamentos na Sagrada Escritura e na teologia do Santos Padres, nos primeiros séculos do cristianismo. Seu jeito de escrever faz as coisas mais complexas parecerem extremamente simples. É um escritor com sotaque de pastor.

O quarto capítulo ficou sob a responsabilidade de um emergente e promissor teólogo leigo da PUC do Rio de Janeiro e pai de família, Cesar Kuzma: "Maria: modelo do leigo discípulo missionário". Fortemente auxiliado pelo Documento 105 da CNBB, ele mergulha na identidade e missão dos leigos e leigas e se pergunta como Maria pode ajudar a entender a vida e a missão de quem vive seu sacerdócio na igreja doméstica, exerce seu magistério na educação dos filhos e realiza sua pastoral no mundo do trabalho, da política, da economia, da sociedade. Qual a mensagem de Maria para os leigos e leigas, que têm diante de si o desafio de ser sal da terra e luz do mundo?

Chegamos ao quinto capítulo de mãos dadas com um dos principais especialistas em Mariologia no Brasil: o irmão marista Afonso Murad. Seu capítulo é uma pesquisa primorosa sobre a expressão "O rosto mariano da Igreja", inspirada no clássico *princípio mariano da Igreja*, desenvolvido por teólogos da envergadura de Urs von Balthasar e que ecoam fortemente no *estilo mariano de evangelizar* do Papa Francisco.

No sexto capítulo daremos um passeio pela mariologia de tradição oriental com o auxílio do Pe. Gregório Teodoro, da Igreja Ortodoxa Antioquina. Sua abordagem mostra, de modo breve e simples, mas sincero e pontual, o quanto Maria é importante para uma sensibilidade mais litúrgica e orante, mais simbólica e mística.

O último capítulo é escrito pela teóloga leiga, professora e pesquisadora da PUC do Rio de Janeiro, Lúcia Pedrosa-Pádua. Ela faz uma leitura bastante completa e indicativa da mariologia presente no Magistério do Papa Francisco: chave de renovação para uma Igreja em saída. Com isso, fechamos o livro com chave de ouro.

Antes de serem escritos para este livro, os saborosos saberes destes textos foram partilhados durante o 12º Congresso Mariológico, entre os dias 16 e 19 de maio de 2018, em Aparecida, que teve como tema geral: "O Rosto Mariano da Igreja". Era o coração do Ano do Laicato, promovido pela CNBB. O congresso foi promovido pela Academia Marial de Aparecida, com a colaboração da Faculdade Dehoniana, de Taubaté.

Agradecemos o esforço dos autores que colaboraram para compor o mosaico harmônico deste livro. O que falamos em um congresso marca a vida de algumas pessoas para sempre, mas o que escrevemos fica marcado na história e ultrapassa os limites estreitos da vida de cada um de nós.

Pe. João Carlos Almeida, scj
Doutor em Teologia, Educação e Espiritualidade

1
UMA LEIGA CHAMADA MARIA
Identidade e missão do leigo na Igreja e no mundo

Pe. Alexandre Awi Mello, ISch[1]
Secretário do Dicastério para os Leigos, a Família e a Vida

Introdução: "Maria é leiga" – *Papa Francisco*

Proclamar um "Ano do Laicato", [em 2017-2018][2], foi uma iniciativa audaz e pioneira da Conferência Nacional dos Bispos do Brasil (CNBB). A partir da tarefa que exerço atualmente no Dicastério para os Leigos, a Família e a Vida, posso dizer que não tenho conhecimento de outra Conferência Episcopal que tenha tomado uma iniciativa pastoral tão contundente a favor dos leigos. Refletir e motivar os cristãos leigos e leigas a assumirem, cada vez mais, seu papel na Igreja e na sociedade é uma tarefa urgente e necessária para a Igreja nestes tempos da reforma promovida pelo Papa Francisco. Para os estudiosos de Mariologia não podia passar desapercebida a identidade de Maria como *leiga*, ou ainda mais claramente, como *primeira leiga cristã*.

Aprofundar nesta relação é um valioso impulso, tanto para os leigos em geral como para os teólogos que se ocupam da Mariologia, sendo um dos objetivos principais do 12º Congresso Mariológico, promovido pela Academia Marial de Aparecida, em 2018. A modo de introdução ao presente estudo, utilizo a reflexão feita pelo próprio Papa

Francisco uns dias antes do mencionado congresso. Também, para ele, é evidente essa íntima relação entre a Mãe de Jesus e a identidade laical. Mais ainda: essa relação está em seu coração, como disse aos integrantes do Movimento dos Focolares, cujo nome oficial é "Obra de Maria", reunidos em Loppiano, em 10 de maio de 2018:

> Uma última coisa que gostaria de dizer-lhes, que está no meu coração. Estamos aqui reunidos diante do Santuário de Maria *Theotokos*. Estamos sob o olhar de Maria [...] O Santuário dedicado a Ela aqui em Loppiano é um convite a colocar-se na escola de Maria para aprender a conhecer Jesus, a viver com Jesus e de Jesus, presente em cada um de nós e em meio a nós. *E não se esqueçam que Maria era leiga, era uma leiga. A primeira discípula de Jesus, sua Mãe, era leiga*. Aqui se encontra uma inspiração grande.[3]

Francisco convida, em seguida, a tomar essa leiga, primeira discípula do Senhor, como modelo de como enfrentar a vida laical cotidiana, concreta, cheia de dificuldades e conflitos no confronto com o mundo, como aconteceu no episódio tão familiar e laical como aquele das bodas de Caná:

> Um belo exercício que podemos fazer, eu os desafio a fazê-lo, é pegar [no Evangelho] os episódios da vida de Jesus mais conflituosos e ver – como em Caná, por exemplo – como Maria reage. Maria toma a palavra e intervém. [...] Imagina que a Mãe estava ali, que viu isso... Como teria reagido Maria a isso? Esta é uma verdadeira escola para ir em frente. Porque ela é a mulher da fidelidade, a mulher da criatividade, a mulher da coragem, da *parresia*, a mulher da paciência, a mulher do suportar as coisas. Olhem sempre *esta leiga, primeira discípula de Jesus*, como reagiu a todos os episódios conflituosos da vida do seu Filho. Isso os ajudará muito.[4]

1. Maria é povo! Maria e sua condição de Povo de Deus

Ser leigo significa, em primeiro lugar, ser parte do povo escolhido de Deus. Um povo que Deus escolheu já no Antigo Testamento, o Povo de Israel e que, no Novo Testamento, por meio da ação salvífica de Jesus, se tornou a Igreja, o novo "Israel de Deus" (Gl 6,16). De fato, pelo batismo nascemos para Deus, incorporamo-nos à Igreja e nos tornamos leigos, cristãos, verdadeiros filhos de Deus por adoção, filhos no Filho (cf. 1Jo 3,1; Rm 8,15). Maria é membro do Povo de Israel e primeiro membro da Igreja, é o verdadeiro elo entre o povo da antiga e o povo da nova Aliança. Está, em ambos, sempre em condição de "povo", ou seja, jamais exerceu função sacerdotal no sentido ministerial da palavra. Seu sacerdócio sempre foi, na antiga e na nova Aliança, o sacerdócio comum de todo o Povo de Deus.

Maria é, portanto, uma *mulher leiga do Povo de Israel* e uma *mulher leiga do Povo-Igreja de Jesus Cristo*. É importante, portanto, refletir sobre sua condição de povo. Ela partilha o que Francisco chama o "prazer espiritual de ser povo" (EG 268-274). De fato, o Papa já afirmou, várias vezes, que Maria é mais importante que os apóstolos, ou seja, é mais importante que a hierarquia da Igreja, *embora não tenha funções sacerdotais*.[5] Na exortação *Evangelii gaudium* ele explica:

> O sacerdócio ministerial é um dos meios que Jesus utiliza ao serviço do seu povo, mas a grande dignidade vem do Batismo, que é acessível a todos. A configuração do sacerdote com Cristo Cabeça – isto é, como fonte principal da graça – não comporta uma exaltação que o coloque por cima dos demais. Na Igreja, as funções *"não dão justificação à superioridade* de uns sobre os outros" (ChfL 51, nota 190). Com efeito, uma mulher, Maria, é mais importante do que os Bispos. (EG 104)

O sacerdócio de Maria, na verdade, é o sacerdócio comum dos fiéis (cf. LG 10-12), mas isso não significa que aqueles que têm o sacerdócio ministerial sejam mais importantes que ela. Pelo contrário, pois no Reino de Deus é maior quem serve mais (cf. Mc 10,42-44). Sua grandeza está relacionada ao fato de ser *parte de um povo sacerdotal* (cf. 1Pedro 2,4-10), de um "povo" (*laós*), escolhido e consagrado por Deus, diferente das outras "nações" ('*éthen*).

Além de ser *parte*, Maria é especialmente a *personificação* desse povo. Os *fundamentos bíblicos* dessas afirmações são eloquentes e seria longo explicá-los aqui. Destaquemos apenas duas referências bíblicas: o paralelismo exegético das duas anunciações descritas no Evangelho de Lucas, capítulo 1, e o fato de Maria ser a personificação do povo fiel, do resto de Israel.

1.1 Mulher leiga do povo

Sem maiores dificuldades, pode-se constatar um *paralelismo exegético* entre as duas anunciações do anjo Gabriel ao início do Evangelho de Lucas. Este destaca bem o fato de Maria ser uma "leiga" (embora não se usasse esse nome) do seu povo. De fato, alguns exegetas observam que Lc 1-2 foi construído com um esquema teológico simétrico: um primeiro díptico onde aparecem as *duas anunciações*: a Zacarias (Lc 1,5-23) e a Maria (Lc 1,26-38), acompanhadas de um episódio complementar, a Visitação de Maria a Isabel (Lc 1,39-80); o segundo díptico é formado pelos dois nascimentos: de João Batista (Lc 1,24-25) e de Jesus (Lc 2,1-20), acompanhados de um episódio complementar, a presença de Jesus no Templo (Lc 2,21-40; Lc 2,41-51).

Para ilustrar o nosso tema, concentrar-nos-emos apenas no paralelismo das anunciações: o *anúncio do nascimento de João Batista* (Lc 1,5-23) acontece na Cidade Santa, no templo de Jerusalém, no seu lugar mais sagrado (o "santo dos santos"), a um varão idoso, sacerdote em pleno exercício da sua função sacerdotal, no momento culminante do culto judaico. Já o *anúncio do nascimento de Jesus* (Lc 1,26-38), acontece em uma simples casa de família, em uma cidade periférica, não em Jerusalém, mas em Nazaré da Galileia, a uma jovem mulher do povo, prometida em matrimônio, durante suas atividades quotidianas, no ambiente da vida diária. O contraste é evidente e, muito provavelmente, intencional.

As *reações* também são diferentes. Ambos questionam, mas o sacerdote *não dá crédito* às palavras do anjo, *fecha-se* e fica *mudo* (cf. v. 18-20: "Zacarias perguntou ao anjo: Donde terei certeza disto? Pois sou velho e minha mulher é de idade avançada [...] Eis que ficarás mudo e não poderás falar até o dia em que estas coisas acontecerem, visto que *não deste crédito às minhas palavras*, que se hão de cumprir a seu tempo"). Já a mulher leiga, pelo contrário, *acredita, parte apressada para servir, saúda e canta* o seu *Magnificat* (cf. v. 34-38: Maria perguntou ao anjo: Como se fará isso, pois não conheço homem? [...] Então disse Maria: Eis aqui a serva do Senhor. *Faça-se em mim segundo a tua palavra.* / v. 40: "saudou Isabel" / v. 48-79: "E Maria disse: Minha alma glorifica ao Senhor, meu espírito exulta de alegria em Deus, meu Salvador [...]). A pergunta da mulher é um pedido consciente de esclarecimento, a do sacerdote é expressão de desconfiança e desdenho.

Dessa forma Deus rompe os parâmetros clássicos e pré-estabelecidos. *Por contraste,* Lucas vai *perfilando melhor a identidade* dAquele que vai nascer e, consequentemente, a identidade de sua mãe. Maria aparece assim como leiga, mulher do povo, não como sacerdotisa. Não ocupa o espaço sagrado, mas Deus a encontra em meio à profanidade da vida ordinária, no "século", no mundo, santificando-o com a sua presença. Maria aparece assim como paradigma de leigo, de espiritualidade laical, ou ainda mais, como *paradigma do protagonismo laical feminino:*

> Ela é modelo exemplar de uma *vida laical no meio do mundo*. Não caracterizam Maria os milagres nem as coisas *extraordinárias* visíveis na sua vida. Grandes coisas se realizam nela em meio à singeleza e simplicidade do quotidiano, dos afazeres domésticos, como *mulher do povo*. Ela não pratica uma 'fuga do mundo', mas se santifica no meio do mundo.[6]

1.2 Personificação do povo de Israel

Outro fundamento bíblico para justificar que Maria é leiga, mulher do povo, encontra-se no fato de que ela é, nas Sagradas Escrituras, a *representante do povo fiel de Israel*, dos pobres de Javé, é a Filha de Sião. De fato, a mariologia bíblica constata que Maria é *personagem corporativo* de Israel em seu conjunto. Basta-nos mencionar aqui a relação de Maria, a Mãe de Jesus, com a "Filha de Sião", presente em vários textos do Antigo Testamento, como, por exemplo, em Sofonias 3,14-17.

A "Filha de Sião" é a destinatária da alegria messiânica, uma personificação dos filhos de Israel que permanecerão fiéis e terão a alegria de contemplar a glória do Messias. Lucas, de fato, saúda Maria com a mesma saudação que acompanha a saudação à Filha de Sião: "alegra-te" (χάιρε, em Lc 1,28). De fato, χάιρε não é a saudação convencional em grego, que é είρηνη, nem em latim, que é "ave". É um convite à alegria, "exulta de gozo!" É uma saudação que, no Antigo Testamento, *sempre aparece referido ao gozo messiânico com que se saúda a Filha de Sião*. Lucas a coloca na boca do maior mensageiro de Deus, o anjo Gabriel, a maior saudação que uma mulher poderia receber. Suas palavras não são neutras, têm *profundo significado*. Tanto que a reação de Maria – de surpresa, ou de perturbação – talvez não se deva tanto à presença do anjo, mas à grandeza da saudação que ele lhe fez.

O conteúdo dessa saudação é a alegria do Messias, que aponta ao futuro e indica uma nova presença do Senhor. É possível que Maria conhecesse bem os textos e o contexto em que se encontrava essa saudação: Jl 2,21-27; Is 12,6; Zc 2,14 e, o principal, Sf 3,14. Em todos eles destacam-se três características, que não são casuais: estão sempre dirigidos à Filha de Sião; o conteúdo é a alegria messiânica; e apontam a uma presença nova do Senhor. Nesses autores a Filha de Sião representa os deportados do Norte, refugiados que se estabelecem em uma região (bairro) norte de Jerusalém. Trata-se do "resto" que se identifica com os "pobres de Javé", o resto santo que espera a redenção. A filha de Sião é uma imagem desta raiz que constituirá o Israel definitivo, no qual o Senhor será o centro do seu povo. É, portanto, a *imagem da Igreja, novo povo* que tem o Senhor em seu meio.

Portanto, a leitura teológica do texto de Lucas permite entender *Maria como a "nova Filha de Sião"*, a nova destinatária desta alegria messiânica. A Filha de Sião personifica o povo de Israel, e Maria personifica o novo povo de Deus, o novo "Israel de Deus", como diz São Paulo (Gl 6,16). O quadro a seguir ilustra o *paralelo entre a "Filha de Sião" e Maria*, que se pode observar entre Sf 3,14-17 e Lc 1,28-31:

Sf 3,14-17	Lc 1,28-31
14) Alegra-te, Filha de Sião	28) Alegra-te, agraciada
15) Javé o rei de Israel (está) em ti (εν γαστρί = em teu meio)	o Senhor (está) contigo
16) Não temas, Jerusalém.	30) Não temas, Maria.
17) Javé, teu Deus está dentro de ti (εν γαστρί = em teu meio) valente Salvador	31) Conceberás em teu seio (εν γαστρί) e darás à luz um filho e o chamarás "Javé salva".

A leitura paralela da última linha do quadro anterior pode indicar que aquele que Maria vai conceber em seu seio (Lc 1,31) é Javé seu Deus (Sf 3,17). É compreensível, então, o suposto "susto" de Maria, pois se vê, de certa maneira, nesta dimensão de Filha de Sião, de Resto de Israel, de representante de todo o seu povo. Aí está também a grandeza do seu "sim", do seu "faça-se", pois *responde em nome de todo o povo*, de toda a humanidade.[7]

O Concílio Vaticano II (LG 55) diz que Maria é a excelsa Filha de Sião. Este é um caminho fecundo não só para a mariologia bíblica, mas também para a reflexão sobre *Maria como mulher do seu povo*. Com Maria amadurece todo Israel: se cumpre a espera e se dá o tempo da presença. Maria é, portanto, sinagoga e presença. Ela explicita o que é Sião. Aberta à maturidade messiânica, *dá seu sim em nome de Israel* e, mesmo que ainda não compreenda tudo, recebe a promessa de vida.

Observe-se ainda que, no Antigo Testamento, encontram-se *formulários de Aliança* para selar e para renovar a Aliança com Deus (cf. Ex 19,7-8; 24,3-7; Gn 24,24; Esd 10,12). Eles têm um esquema no qual um *mediador* convida, esclarece e pede resposta, e o *povo* (ou alguém em seu nome) dá uma resposta. Veja-se o caso de Ex 19,7-8: "Veio Moisés e, convocando os anciãos do povo, comunicou-lhes as palavras que o Senhor lhe ordenara repetir. E todo o povo respondeu a uma voz: 'Faremos tudo o que o Senhor disse.' Moisés referiu ao Senhor as palavras do povo".

Na narração que Lucas faz da anunciação do anjo a Maria também se encontra o mesmo esquema de Aliança: o *mediador* é *Gabriel, e Maria* dá a *resposta* em nome de Israel, como *novo Israel*. Maria é a δουλή, que corresponde em hebraico a '*eved*, que significa serva, não escrava. Para o judeu era clara a diferença, pois Israel tinha sido "escravo" do Faraó no Egito. Mas aqui Maria aparece como a "serva" do Senhor (*'eved adonai*), identificando assim não só a relação de Maria com Deus, mas também a relação *de Israel com Javé*.

Por tudo isso podemos afirmar que Maria aparece claramente como *figura coletiva de Israel*, como representante do seu povo. Maria é o término do Antigo Israel e o começo da nova Igreja, do Novo Israel, saudado e convidado a se alegrar pela vinda do Messias. Maria é a *Nova Filha de Sião*, a Igreja, Novo Povo de Deus.

Neste contexto, vale recordar a *atualidade* desta compreensão de *Igreja como Povo de Deus*, redescoberta pelo Vaticano II. De fato, no pontificado atual, uma das expressões preferidas pelo Santo Padre para se referir à Igreja é "o santo povo fiel de Deus".[8] Somos povo pelo *batismo* e por meio dele – não pela Ordem nem pela consagração religiosa – passamos a pertencer a esse povo. Ser leigo cristão, membro do Povo de Deus, é nossa *vocação fundamental*. Deus "toma-nos do meio do povo e envia-nos ao povo, de tal modo que a nossa identidade não se compreende sem esta pertença." (EG 268)

"Eu *sou uma missão* nesta terra, e para isso estou neste mundo" (EG 273), recorda-nos o Papa Francisco. "É preciso considerarmo-nos como que marcados a fogo por esta missão de iluminar, abençoar, vivificar, levantar, curar, libertar. [...] Mas, se uma pessoa coloca a tarefa dum lado e a vida privada do outro, tudo se torna cinzento e viverá continuamente à procura de reconhecimentos ou defendendo as suas próprias exigências. Deixará de ser povo." (EG 273) Maria *nos precedeu* na *vocação de ser povo de Deus* e *viveu como primeira leiga cristã* a mais sublime das missões pessoais que uma pessoa poderia receber nesta terra: ser Mãe de Deus, Mãe do Salvador. Mais que isso: para encarnar e nos salvar, Deus quis precisar do seu *consentimento*, e ela o deu *em nome do seu povo* e de toda a humanidade.

Maria viveu sua "missão no coração do povo" (cf. EG 273), sua missão de leiga, não como um ornamento ou algo secundário, mas como uma dimensão *essencial* do seu ser e seu agir, que não pode arrancar do seu ser. Por isso, na sua condição de glorificada, continua realizando sua missão, como *mulher e mãe desse povo*, experimentando "a alegria missionária de partilhar a vida com o povo fiel de Deus, procurando acender o fogo no coração do mundo" (EG 271).

2. Relações de Maria com a realidade laical

Buscar as relações entre Maria e a realidade laical é o que nos pede o documento lançado para o Ano do Laicato: "Para compreendermos, em toda a sua *grandeza e dignidade, a natureza e missão dos cristãos leigos*, podemos dirigir o nosso *olhar para Maria*. Nela encontramos a máxima realização da existência cristã. [...] Ela é a discípula mais perfeita do Senhor."[9] De fato, "em Maria, mulher leiga, santa, Mãe de Deus, os *fiéis leigos encontram razões teológicas* para a compreensão de sua identidade e dignidade no povo de Deus"[10], pois Maria é membro da Igreja, mãe e modelo dos cristãos.

Para relacionar Maria com a realidade laical, convém ter bem presente o *lugar e missão do leigo,* segundo o Vaticano II (LG capítulo 2). O Concílio deixa claro que o fundamento da vocação laical se encontra nos sacramentos da iniciação cristã (Batismo e Crisma), que tornam a pessoa sujeito ativo e responsável pela missão da Igreja. Ser leigo não é, então, como se entendeu no passado, uma concessão da hierarquia, mas consequência de ser batizado.

O Concílio esclarece que a *missão específica* do leigo está em ordenar os assuntos temporais segundo Deus; fazer presente a Igreja nos lugares onde só eles podem estar; e transformar a sociedade "a partir de dentro" com a força do evangelho. Desta forma todos os batizados são chamados por Deus para testemunhar sua fé no seu ambiente específico: *na família*, pela força do sacramento do matrimônio, gerando e educando na fé seus filhos; *na comunidade*, assumindo um ministério específico (animador, catequista, ministro da comunhão, acólito ou coroinha, animador litúrgico e outros); e *na sociedade*, assumindo uma profissão e vivendo como cristão na escola, na empresa, no comércio, na economia, no mundo da política, entre outros. São, de fato, muitas as maneiras de testemunhar a sua fé nas estruturas da sociedade e ali está o campo específico de atuação do leigo cristão, onde, muitas vezes, os sacerdotes e os religiosos não conseguem chegar.

Como Maria, o leigo e a leiga são *cristãos maduros na fé*, que se dispõem a seguir Jesus com todas as consequências dessa escolha. Os cristãos leigos vivem, portanto, o seguimento de Jesus *no seu dia a dia* e, *como Maria*, vivem a alegria deste chamado, sonham e promovem, pela vocação assumida, a construção de um *outro mundo possível*.

Ao olhar Maria, modelo de vocação laical, recordamos também os vários *ministérios* na Igreja e a presença dos leigos e leigas que são *sujeitos ativos na Igreja e no mundo*. Como Igreja, os leigos e leigas estão *em saída para a missão*, com consciência de sua pertença eclesial. Eles constituem a *maioria* da Igreja. São a *força mais importante* com a qual Deus conta para dar continuidade à missão de Jesus. Sem os leigos e as leigas não teríamos as famílias, os filhos, a organização da vida e da sociedade segundo os valores do evangelho.

2.1 Maria é *Mãe* dos cristãos leigos e leigas

Sem lugar a dúvidas, a principal experiência dos fiéis cristãos com Maria é a da sua maternidade. A grande maioria dos católicos não teria dificuldade de afirmar, com sentimento filial, terno e sincero: "Ela é minha mamãe", tal como fez o Papa Francisco ao descrever sua relação com Nossa Senhora.[11]

Não se deve esquecer essa dimensão na hora de relacionar os cristãos leigos com Maria. Antes de ser modelo e testemunho de relação correta com o mundo, a experiência de fé que todos os batizados fazem com Maria é a de senti-la, simplesmente, como "mãe na ordem da graça" (LG 61), experimentam a sua *maternidade espiritual*.

Porque é mãe atenta aos seus filhos e goza de um lugar especial junto a Jesus, nosso Senhor e Salvador, Maria pode *interceder* junto a Ele de maneira muito particular, pois – como diz o Concílio – "com a sua multiforme intercessão, continua a alcançar-nos os dons da salvação eterna" (LG 62).

Maria, Mãe e intercessora, vive uma profunda relação de amor com cada batizado, com cada leigo e leiga. É, portanto, *vivendo plenamente esta relação de amor*, querida por Deus, que o leigo pode cumprir sua missão específica na Igreja e no mundo.

2.2 A condição e a função laical de Maria no plano da salvação

A relação de Maria e os leigos vai, porém, mais além da sua maternidade espiritual e sua função intercessora. Michele Masciarelli descreve algumas "aberturas da mariologia em direção ao tema laical"[12]. Elas iluminam, fundam e explicam, no sentido mais profundo, a maternidade e exemplaridade mariana em relação aos leigos.

Neste sentido, uma "abertura" importante é a percepção de que, ao longo da sua vida, Maria teve uma *vivência secular*, por isso, "tem algo a dizer" à realidade laical. Foi o que se afirmou anteriormente por meio da análise do paralelismo bíblico entre as duas anunciações de Gabriel, a Zacarias e a Maria. O espaço de Maria – a diferença do sacerdote Zacarias – é *a vida no mundo*, a realidade secular, profana, não a sagrada.

O fato de Maria ter sido uma mulher normal do seu povo, sem ter uma relação específica com os espaços sagrados, destaca a *profanidade, laicidade e secularidade* nas que se desenvolveu o mistério de Maria. A vida quotidiana de Maria nos ajuda a valorizar o espaço profano e, ao mesmo tempo, o santifica e colabora na sua redenção, não por meio da sacralidade ritual, mas por meio da *santidade da vida diária*.

Masciarelli, depois de analisar os textos bíblicos, conclui que "tanto a profecia do mistério de Jesus (a anunciação), como a realização do mistério de Jesus (a encarnação) ou o reconhecimento do mistério de Jesus (a apresentação do messias no templo) se realizam *não pela via sacerdotal*, mas pela via laical: pela *via mariana*"[13]. Ou seja, Maria cumpre sua missão a partir de sua *condição de leiga*, não como sacerdotisa.

2.3 A relação entre o mistério de Maria e a realidade laical-secular

Outro aspecto digno de reflexão é a relação de Maria com a realidade laical-secular, o que se pode perceber, por exemplo, no dogma mariano da Imaculada Conceição. *Maria Imaculada* é uma "síntese simbólica de todas as aspirações existenciais nascidas do coração dos homens" e "exemplo da perfeita realização do projeto vocacional proposto por Deus à realidade secular-humana total".[14] De fato, Maria é o que todo ser humano deveria ser, não só do ponto de vista espiritual e salvífico, mas também na dimensão humana, antropológica e existencial. A mesma reflexão vale para o dogma da Assunção. *Maria Assunta* é ícone do homem e da mulher transfigurados, plenamente realizados e glorificados, pelo qual as atuais fragilidades e a imperfeição da criação – do "século", do mundo – presente estão destinadas a ser definitivamente superadas.

Em outras palavras, em Maria a realidade laical-secular – tanto do ser humano quanto da criação inteira – atinge sua *máxima plenitude, realização e beleza*. Por isso, o Papa Francisco, na sua famosa encíclica *Laudato Si'* sobre o "cuidado da casa comum", não hesita em explicitar a relação de Maria com a criação: "Elevada ao céu, é Mãe e Rainha de toda a criação. No seu corpo glorificado, juntamente com Cristo ressuscitado, parte da criação alcançou toda a plenitude da sua beleza" (*Laudato Si'* 241).

2.4 O caráter típico de Maria em relação aos leigos

Um último aspecto a destacar é o caráter tipológico de Maria para os fiéis leigos. De fato, Maria é "tipo e figura da Igreja" (LG 63), *modelo* de todas as virtudes cristãs: "reúne em si e reflete os imperativos mais altos da nossa fé" (LG 65). Como já mencionado, Maria é ponto de referência, desafio e provocação para os leigos e leigas no sentido da *vivência do compromisso secular* e a realização do *projeto de Deus para o mundo*.

Maria, a "primeira discípula e grande missionária de nossos povos" (DAp 25), é *modelo* de: *escuta e disponibilidade*, na Anunciação; de *serviço e alegria*, na Visitação; de *oração, perseverança e presença na comunidade*, no Cenáculo; de *aceitação e entrega* ao pé da cruz; de *preocupação pela vida diária e solidariedade no sofrimento* em Caná e no Calvário; de *gratidão, denúncia profética, e compromisso libertador*, no *Magnificat*; de *presença maternal* em tantos momentos da vida de Jesus; e de tantas outras virtudes.

Contudo, deve-se ter atenção ao perigo de reduzir a relação com Maria ao que Stefano De Fiores considera uma *piedade mariana puramente tipológica*:

> Uma piedade mariana puramente tipológica não tem valor formativo, é uma ilusão de pastoral. Não basta dizer "Nossa Senhora é exemplo de fidelidade à Palavra, de firmeza na dor [...]; por isso temos que imitá-la." Se não se cultiva a vinculação, o carinho, o apego sadio à pessoa de Maria, a exigência de imitação a um protótipo é um puro imperativo categórico. Para tornar fecundo o carisma de Maria se deve procurar que a vinculação a Maria (que tem a prioridade pedagógica) conduza à atitude mariana, à imitação de Maria (que tem a prioridade ontológica).[15]

A teologia e a pastoral marianas devem, portanto, ajudar o fiel no cultivo de uma *verdadeira relação pessoal* com Maria, sem temor ou desconfiança diante do profundo amor que o fiel demonstra por Nossa Senhora, como se esse "tirasse" algo do amor que o fiel deve a Jesus. Na pedagogia divina o amor não se divide, mas se multiplica. O amor a Maria conduz natural e organicamente ao amor a Jesus. Dificilmente se encontra um filho autêntico de Nossa Senhora que não ame Jesus. Pelo contrário, apresentar Maria apenas como exemplo de virtudes, sem um *encontro pessoal e amoroso* com ela, significaria cair em um moralismo, infecundo do ponto de vista humano e espiritual. O cristianismo não é uma pura doutrina moral nem um imperativo categórico, mas o encontro de pessoas que, porque se relacionam e se amam, transmitem valores e se imitam mutuamente. Essa perspectiva é própria do ensinamento do Padre José Kentenich, fundador do Movimento de Schoenstatt, que caracterizou assim o caminho *pedagógico* de toda pastoral *mariana: da vinculação a Maria à atitude mariana.*[16]

Dessa forma, o profundo *amor* a Maria pode mover os leigos a *imitá-la* de forma especial na vivência do *tríplice ofício sacerdotal, profético e de serviço* que todo cristão recebe pela unção batismal. Por exemplo, ela pode ser modelo de como iluminar o mundo com os valores humanos à luz de Cristo, "propondo com a força de sua condição pessoal-existencial, entre outras coisa, percorrer 'o caminho da beleza', pronunciar 'a opção pelos pobres', reconsiderar a partir dela, verdadeira e autentica encarnação do feminino, 'a questão feminina' e, finalmente, elevar 'a cultura da vida'"[17].

Seguindo as indicações da *Lumen gentium*, devemos recordar que os leigos, pelo seu sacerdócio comum (cf. LG 10-11), recebido pela consagração batismal, vivem seu ofício *sacerdotal* (cf. LG 34) de forma existencial, fazendo de *toda a sua vida um culto espiritual* e tendo a vida diária como centro da sua experiência espiritual. Dessa forma, "os leigos, agindo em toda a parte santamente, como adoradores, consagram a Deus o próprio mundo" (LG 34). Foi assim o sacerdócio de Maria, em Nazaré, em Belém, no Egito, em Jerusalém.

Em relação ao *ofício profético*, convém recordar que Jesus ensina e profetiza também por meio dos leigos, suas testemunhas, "a fim de que a força do Evangelho resplandeça na vida quotidiana, familiar e social" (LG 35). Eles não o fazem por uma missão canônica, mas pela força do seu batismo, pelo qual realizam o anúncio do Evangelho por meio da sua própria vida. A profecia dos cristãos leigos é resultado da experiência de Deus que realizam no meio do mundo, por ação do Espírito Santo. Ensinam como verdadeiros sábios cristãos, denunciando absolutismos e ídolos, e protegendo a justa secularidade do mundo, para que não o sacralizem indevidamente. Neste sentido também Maria exerceu de forma exemplar seu ofício profético como leiga cristã. Ao cantar seu *Magnificat* (Lc 1,39-56) denunciou as injustiças cometidas contra o seu povo, exaltando a presença e ação de Deus em meio ao povo. Foi profetiza e anunciadora do Reino prometido por Jesus.

Ademais, pelo batismo cada cristão é investido também de um *ofício régio ou de serviço* (cf. LG 36-37). O leigo age como membro da Igreja peregrina na terra, atuando com liberdade como representante de Cristo *no mundo para submeter tudo ao Pai*; lutando pela conversão do ser humano a fim de chegar à autêntica renovação do mundo e da sociedade; buscando a libertação integral do homem, em um processo pessoal e comunitário, pois cristianizar é humanizar.

Maria viveu em plenitude sua missão de serviço. Definiu-se a si mesma como "serva" diante do anjo, serviu à Sagrada Família como mãe exemplar, não hesitou em arrancar o primeiro milagre de Jesus para servir uma nova família constituída em Caná da Galileia, acompanhou o ministério de seu filho, até a morte de cruz, quando foi constituída servidora de todos os "discípulos amados" do seu Filho, para exercer, no tempo e na eternidade, este serviço maternal até o fim dos tempos.

3. A piedade popular mariana como espaço de protagonismo laical

Parece-me necessário concluir a presente reflexão sobre Maria e o laicato com um último passo, muito original no pensamento do Papa Francisco: o protagonismo laical nas expressões de piedade popular, em especial porque a maior parte destas expressões são marianas.

Já em 2013, na sua visita ao Brasil, o Papa disse aos bispos do CELAM: "Existe em nossas terras uma forma de liberdade laical por meio de experiências de povo: o católico como povo. Aqui se vê uma maior autonomia, sadia em geral, e que se expressa fundamentalmente na piedade popular."[18] O Papa volta a repetir a mesma ideia em sua carta ao Cardeal Ouellet, presidente da Comissão para a América Latina, sobre a participação dos leigos na vida pública.[19]

Francisco fala do valor da piedade popular como "forma de liberdade laical": ou seja, pela força do *batismo*, um povo evangelizado expressa livremente sua religiosidade, a partir das suas *raízes histórico-culturais*. Mesmo se estiverem, de certa forma, vinculadas eclesialmente, as expressões de fé popular gozam de uma *liberdade, criatividade e informalidade* muito amplas e diferentes, por exemplo, das formas litúrgicas. De fato, na piedade popular, o santo povo fiel de Deus encarnado num povo concreto faz "experiências de povo", que não passam necessariamente pela mediação, o "cuidado" ou o "controle" da hierarquia, ajudando assim – entre outras coisas – a superar o clericalismo, que o Papa tanto abomina.

O Concílio Vaticano II, na sua reflexão sobre a identidade e missão da Igreja, deixou bem estabelecidos os fundamentos teológicos desta perspectiva, e o Papa os recorda com insistência. Pela consagração batismal passamos a fazer parte do Povo de Deus e essa é nossa identidade fundamental. Quando reza, como, por exemplo, nas expressões da piedade popular, o Povo de Deus o faz como expressão de seu batismo. "Através dele e com a *unção do Espírito Santo*, (os fiéis) 'são consagrados para serem edifício espiritual e sacerdócio santo' (LG 10). A nossa primeira e fundamental consagração afunda as suas raízes no nosso batismo. Ninguém foi batizado sacerdote nem bispo. Batizaram-nos leigos e é o sinal indelével que jamais poderá ser cancelado."[20]

A unção do Espírito que atua em cada batizado, em cada leigo e leiga cristã é o fundamento para entender e valorizar a piedade popular como *espaço de plena e válida expressão laical*. "Somos, como frisou o Concílio Vaticano II, o Povo de Deus, cuja identidade é 'a dignidade e a liberdade dos filhos de Deus, em cujos corações o Espírito Santo habita como num templo' (LG 9). O Santo Povo fiel de Deus foi ungido com a graça do Espírito Santo e, portanto, no momento de refletir, pensar, avaliar, discernir, devemos estar muito atentos a esta unção."[21]

Esta ação do Espírito no santo Povo fiel de Deus é também a base para outro tema muito querido por Francisco: o *sensus fidelium*. A reforma da Igreja deve passar por uma conversão pastoral que inclua a *revalorização desse controvertido lugar teológico*, resgatado pelo Vaticano II, e gere uma confiança maior na sua contribuição para a Igreja.[22] Significa também um *resgate da importância teológica e pastoral da sabedoria popular*, com sua forte dimensão teologal, muito valorizada especialmente pela assim chamada "Teologia do Povo", própria da Igreja de onde provém o Papa Francisco, a Argentina.[23]

Voltar a confiar na ação do Espírito por meio do *sensus fidelium* tem outra consequência: o espírito de *comunhão e participação* (Puebla) ou a redescoberta do espírito de *sinodalidade*, palavra muito associada às reformas levadas a cabo no pontificado atual.[24] Desta forma, o *protagonismo laical*, tal como se expressa e se vive na piedade popular é, teológica e pastoralmente, um importante canal para a reforma da Igreja. É o que Francisco afirma também na *Evangelii Gaudium* (EG):

> Em todos os batizados, desde o primeiro ao último, atua a força santificadora do Espírito que impele a evangelizar. O povo de Deus é santo em virtude desta unção, que o torna *infalível 'in credendo'*, ou seja, ao crer, não pode enganar-se, ainda que não encontre palavras para explicar a sua fé. O Espírito guia-o na verdade e condu-lo à salvação. Como parte do seu mistério de amor pela hu-

manidade, Deus dota a totalidade dos fiéis com um *instinto da fé* – o *sensus fidei* – que os ajuda a discernir o que vem realmente de Deus. A presença do Espírito confere aos cristãos uma certa *conaturalidade* com as realidades divinas e uma *sabedoria* que lhes permite captá-las intuitivamente, embora não possuam os meios adequados para expressá-las com precisão." (EG 119)

No seu discurso aos bispos do CELAM no Rio de Janeiro, Francisco sugere que voltem a ler o capítulo do documento de Aparecida sobre a piedade popular, que "descreve, em profundidade, esta dimensão"[25]. É importante ter presente que o então Cardeal Bergoglio se esforçou particularmente para que esta página de Aparecida, a seu juízo uma das mais belas, estivesse impecável no documento final da V Conferência do CELAM. Sobre o *texto de Aparecida relativo à piedade popular* tive a oportunidade de recolher pessoalmente o testemunho de Dom Víctor Fernández, um dos principais peritos daquela assembleia, que gozava – e goza até hoje – da total confiança do então Arcebispo de Buenos Aires: "Esse [texto], eu o escrevi, por pedido dele [do Cardeal Bergoglio]. Coloquei ali o que ele me disse, ou seja, o conteúdo é o que ele queria que estivesse. Isso posso te dizer como testemunho direto."[26]

Seria muito longo desenvolver aqui toda a visão do Papa Francisco sobre a piedade popular mariana[27], mas pode-se dizer que os elementos principais do seu pensamento se encontram condensados no documento final de Aparecida (DAp n. 258-265) e, ainda mais claramente, em EG 122-126, onde descreve a "força evangelizadora da piedade popular". Sirva-nos apenas uma citação para perceber a profundidade do seu pensamento:

> Naquele amado Continente, onde uma multidão imensa de cristãos exprime a sua fé através da piedade popular, os Bispos chamam-na também 'espiritualidade popular'

ou 'mística popular'. Trata-se de uma verdadeira 'espiritualidade encarnada na cultura dos simples'. Não é vazia de conteúdos, mas descobre-os e exprime-os mais pela via simbólica do que pelo uso da razão instrumental e, no ato de fé, acentua mais o *credere in Deum* que o *credere Deum*. É 'uma maneira legítima de viver a fé, um modo de se sentir parte da Igreja e uma forma de ser missionários'; comporta a graça da missionariedade, do sair de si e do peregrinar: 'O caminhar juntos para os santuários e o participar em outras manifestações da piedade popular, levando também os filhos ou convidando a outras pessoas, é em si mesmo um gesto evangelizador'. Não coartemos nem pretendamos controlar esta força missionária! (EG 124)

De fato, subestimar a força da piedade popular no processo missionário seria "ignorar a obra do Espírito Santo" (EG 126). Pelo contrário, para o Papa, a mística popular deve ser encorajada e fortalecida. Os *encontros de Francisco com o povo* o ensinaram a valorizar a espiritualidade popular, "fruto do evangelho inculturado", que se expressa em práticas como as peregrinações, os ex-votos, as velas, as novenas e tantas outras, que "têm muito a nos ensinar e, para quem as sabe ler, são um *lugar teológico* a que devemos prestar atenção particularmente na hora de pensar a nova evangelização" (EG 126).

Francisco considera "chave" que "a *fé do nosso povo*, suas orientações, buscas, desejos, anseios, quando conseguem ser escutados e orientados terminam por nos manifestar uma genuína presença do Espírito"[28]. Por isso convida os bispos *a confiar no povo*, composto de leigos e leigas, em comunhão com os pastores, confiar "na sua *memória* e no seu *'olfato'*", confiar "que o Espírito Santo em e com eles, e que este Espírito não é só 'propriedade' da hierarquia eclesial"[29]. O Papa usa assim a pastoral ou piedade popular como "chave hermenêutica" para "compreender melhor a ação que se gera quando o Santo Povo fiel de Deus reza e atua"[30].

Além disso, mostrando a influência da "Teologia do Povo" em suas expressões, na sua carta ao Cardeal Ouellet o Papa faz menção à *dimensão sociocultural da piedade popular*, pois longe de ser uma piedade "intimista", reduzida à interioridade da pessoa, ela se transforma em *cultura*, marcando a vida de todo um povo, já que "uma cultura popular evangelizada contém valores de fé e de solidariedade que podem provocar o desenvolvimento de uma sociedade mais justa e crente, e possui uma sabedoria peculiar que se deve saber reconhecer com um olhar agradecido" (EG 68).[31]

Concluindo pode-se afirmar que a *piedade popular mariana*, cultivada predominantemente por leigos e leigas, *reforça o protagonismo laical* e os leva – talvez sem que se deem conta – a *descobrir e valorizar as dimensões "seculares" de Maria*, discípula missionária de Jesus na quotidianidade da vida do Povo de Deus, que caminha entre os povos da terra.

Conclusão: A hora dos leigos marianos

Na tão mencionada carta ao Cardeal Ouellet, o Papa Francisco se queixa de que, diante da "famosa expressão: 'é a hora dos leigos'... parece que o relógio parou".[32] Contudo, pastoralmente falando, se pode esperar que o Ano do Laicato, celebrado com tanto entusiasmo e consciência da identidade e missão do leigo na Igreja e no mundo, unido ao impulso da piedade popular mariana, em tempos do Papa latino-americano, ponha o relógio novamente para funcionar.

Maria, a primeira leiga cristã, mãe intercessora e representante fiel do povo da antiga e da nova Aliança, modelo de tantas virtudes, em especial daquela autêntica secularidade que todos os leigos e leigas estão chamados a viver, intercede certamente nessa intenção. Com ela podemos finalmente exclamar: Chegou a hora dos leigos marianos!

REFERÊNCIAS

[1] Presbítero, membro do Instituto Secular Padres de Schönstatt, possui graduação em Teologia pela Pontifícia Universidad Católica de Chile (1997), mestrado em Teologia pela Philosophisch-Theologische Hochschule Vallendar - Alemanha (2000) e Doutorado em Mariologia na University of Dayton (International Marian Research Institute - Ohio, EUA). É o atual Secretário do Dicastério para os Leigos, a Família e a Vida, Roma, nomeado pelo Papa Francisco em 2017. Colaborou com o Cardeal Bergoglio durante a V Conferência Geral do Conselho Episcopal Latino-americano e do Caribe realizada em Aparecida em maio de 2007 e acompanhou o Pontífice por ocasião da XXVIII Jornada Mundial da Juventude, em 2013, no Rio de Janeiro.

[2] A CNBB abriu o Ano do Laicato no dia 26 de novembro de 2017, Solenidade de Cristo Rei e encerrou na mesma solenidade em 25 de novembro de 2018.

[3] FRANCISCO. *Discurso no Encontro com a Comunidade do Movimento dos Focolares*, 10/05/2018, in: <http://w2.vatican.va/content/francesco/pt/speeches/2018/may/documents/papa-francesco_20180510_visita-loppiano-focolari.html>, grifo meu. Acesso em 21/05/2018.

[4] FRANCISCO. *Discurso no Encontro com a Comunidade do Movimento dos Focolares*, grifo meu.

[5] "Eu já disse isso, mas repito. Nossa Senhora, Maria, era mais importante que os Apóstolos, os bispos, os diáconos e os presbíteros. A mulher, na Igreja, é mais importante que os bispos e os presbíteros; o 'como' é que devemos procurar explicitar melhor, porque eu acho que falta uma explicação teológica disso." (FRANCISCO. Encontro com os jornalistas durante o voo de regresso, 28/07/2013, in: <https://w2.vatican.va/content/francesco/pt/speeches/2013/july/documents/papa-francesco_20130728_gmg-conferenza-stampa.html>, grifo meu. Acesso em 21/05/2018.

[6] SCHWITZER, Nicolás. *Espiritualidad laical*, em Catholic.net, in: <http://es.catholic.net/op/articulos/41897/espiritualidad-laical.html>, grifo meu. Acesso in: 18/05/2018.

[7] Diz o Catecismo da Igreja Católica, n. 511: "A Virgem Maria 'cooperou livremente, pela sua fé e obediência, na salvação

dos homens' (LG 56). Pronunciou o seu *'fiat'* – faça-se – *'loco totius humanae naturae* – em vez de toda a humanidade' (São Tomás de Aquino, *Summa theologiae*, 3. q. 30, a. I.): pela sua obediência, tornou-se a nova Eva, mãe dos vivos."

8   "Uma imagem de Igreja que me compraz é a de povo santo, fiel a Deus. É a definição que uso com frequência", declarou o novo Papa ao Pe. Antonio Spadaro. Francisco explica que existe um "valor teológico" na pertença a um povo. "E a Igreja é o povo de Deus em caminho através da história, com alegria e dores." (FRANCISCO. *Entrevista ao Pe. Antonio Spadaro*, in: <https://w2.vatican.va/content/francesco/pt/speeches/2013/september/documents/papa-francesco_20130921_intervista-spadaro.html>. Acesso em 21/05/2018.

9   CNBB. *Cristãos leigos e leigas na Igreja e na sociedade: sal da terra e luz do mundo (Mt 5,13-14)*. Documentos da CNBB n. 105. Brasília: Edições CNBB, 2017, n. 113, grifo meu.

10 CNBB. *Cristãos leigos e leigas na Igreja e na sociedade*, n. 115, grifo meu.

11 AWI MELLO, Alexandre. *Ela é minha Mãe! Encontros do Papa Francisco com Maria*. 5ª ed. São Paulo: Loyola, 2017.

12 MASCIARELLI, Michele. "Teología del laicado según el Concilio Vaticano II", en *Nuevo Diccionario de Mariología*. Madrid: Paulinas, 1986, p. 1033-1052.

13 MASCIARELLI, Michele. "Teología del laicado...", p. 1043, tradução e grifo próprios.

14 MASCIARELLI, Michele. "Teología del laicado...", 1045.

15 DE FIORES, Stefano. *María en la Teología contemporánea*. Salamanca: Sígueme, 1991, 360, tradução própria.

16 "A vinculação é fonte primordial e alma da atitude; e a atitude é comprovação da autenticidade e profundidade da vinculação". (José Kentenich, citado em VAUTIER, Paul. *Maria, Mutter und Erzieherin*. Vallendar: Schönstatt Verlag, 1954, 281, tradução própria). Assim descreve Paul Vautier o pensamento de José Kentenich: "Quando eu quero realmente que alguém chegue a ter uma atitude mariana, ou seja, que alcance uma relação exemplar com Deus, com os homens e com a vida, então devo em geral conduzi-lo primeiro a um vínculo a Maria, ou seja, a um amor pessoal a Maria." (VAUTIER, Paul. *Maria, Mutter und Erzieherin*, p. 199, tradução própria)

[17] MASCIARELLI, Michele. "Teología del laicado", p. 54, tradução própria.

[18] FRANCISCO. *Discurso aos bispos responsáveis do CELAM*, 28/07/2013, in: https://w2.vatican.va/content/francesco/pt/speeches/2013/july/documents/papa-francesco_20130728_gmg-celam-rio.html. Acesso em 20/05/2018.

[19] FRANCISCO. *Carta ao Cardeal Marc Ouellet, Presidente da Pontifícia Comissão para a América Latina*, 19/03/2016, in: http://w2.vatican.va/content/francesco/pt/letters/2016/documents/papa-francesco_20160319_pont-comm-america-latina.html. Acesso em 20/05/2018.

[20] FRANCISCO. *Carta ao Cardeal Marc Ouellet*.

[21] FRANCISCO. *Carta ao Cardeal Marc Ouellet*.

[22] Cf. COMISIÓN TEOLÓGICA INTERNACIONAL. *El sensus fidei en la vida de la Iglesia*. Madrid: BAC, 2014; VITALI, Dario. "La circularidad entre *sensus fidei* y magisterio como criterio para el ejercicio de la sinodalidad en la Iglesia", en SPADARO, Antonio; GALLI, Carlos (eds.). *La reforma y las reformas en la Iglesia*. Maliaño: Sal Terrae, 2017, 209-227. A terceira parte do livro recolhe cinco conferências de renomados teólogos sob o título: "La comunión sinodal como clave de la renovación del Pueblo de Dios". Cf. também: HACKMANN, Geraldo Luiz. "O documento da Comissão Teológica Internacional sobre o *sensus fidei*", *Teocomunicação* 45, n° 2 (mayo-agosto 2015): 117-135.

[23] SCANNONE, Juan Carlos. *Sabiduría popular, símbolo y filosofía: diálogo internacional en torno de una interpretación latinoamericana*. Buenos Aires: Guadalupe, 1984; SCANNONE, Juan Carlos. "Sabiduría y teología inculturada", *Stromata* 35 (1979): p. 3-18; SCANNONE, Juan Carlos. "El sujeto comunitario de la espiritualidad y mística populares", *Stromata* 70 (2014): p. 183-196; AWI MELLO, Alexandre. *Ela é minha Mãe*, p. 87-110.

[24] *Evangelii gaudium* 246. Cf. também: FRANCISCO. *Discurso na comemoração do cinquentenário da instituição do Sínodo dos Bispos*, 17/10/2015, in: <http://w2.vatican.va/content/francesco/pt/speeches/2015/october/documents/papa-francesco_20151017_50-anniversario-sinodo.html> Acesso em 11.04.2019.

[25] FRANCISCO. *Discurso aos bispos responsáveis do CELAM*,
[26] Dom Víctor Fernández em entrevista ao autor, na Pontificia Universidad Católica Argentina, em 22/12/2015.
[27] Esse foi o tema da minha tese doutoral, que será publicada em breve.
[28] FRANCISCO. *Carta al Cardeal Marc Ouellet.*
[29] FRANCISCO. *Carta al Cardeal Marc Ouellet.*
[30] FRANCISCO. *Carta al Cardeal Marc Ouellet.*
[31] FRANCISCO. *Carta al Cardeal Marc Ouellet.*
[32] FRANCISCO. *Carta al Cardeal Marc Ouellet.*

INDICAÇÕES BIBLIOGRÁFICAS

AWI MELLO, Alexandre. *Ela é minha Mãe! Encontros do Papa Francisco com Maria*. 5ª ed. São Paulo: Loyola, 2017.

CNBB. *Cristãos leigos e leigas na Igreja e na sociedade: sal da terra e luz do mundo (Mt 5,13-14)*. Documentos da CNBB n. 105. Brasília: Edições CNBB, 2017.

COMISIÓN TEOLÓGICA INTERNACIONAL. *El sensus fidei en la vida de la Iglesia*. Madrid: BAC, 2014; VITALI, Dario. "La circularidad entre *sensus fidei* y magisterio como criterio para el ejercicio de la sinodalidad en la Iglesia", en SPADARO, Antonio; GALLI, Carlos (eds.). *La reforma y las reformas en la Iglesia*. Maliaño: Sal Terrae, 2017, 209-227. A terceira parte do livro recolhe cinco conferências de renomados teólogos sob o título: "La comunión sinodal como clave de la renovación del Pueblo de Dios". Cf. também: HACKMANN, Geraldo Luiz. "O documento da Comissão Teológica Internacional sobre o *sensus fidei*", *Teocomunicação* 45, n. 2 (mayo-agosto 2015): 117-135.

DE FIORES, Stefano. *María en la Teología contemporánea*. Salamanca: Sígueme, 1991, 360, tradução própria.

FRANCISCO. *Carta ao Cardeal Marc Ouellet, Presidente da Pontifícia Comissão para a América Latina*, 19/03/2016, in: <http://w2.vatican.va/content/francesco/pt/letters/2016/documents/papa-francesco_20160319_pont-comm-america-latina.html>. Acesso em 20/05/2018.

FRANCISCO. *Discurso aos bispos responsáveis do CELAM*, 28/07/2013, in: <https://w2.vatican.va/content/francesco/pt/speeches/2013/july/documents/papa-francesco_20130728_gmg-celam-rio.html>. Acesso em 20/05/2018.

FRANCISCO. *Discurso na comemoração do cinquentenário da instituição do Sínodo dos Bispos*, 17/10/2015, in: <http://w2.vatican.va/content/francesco/pt/speeches/2015/october/documents/papa-francesco_20151017_50-anniversario-sinodo.html>

FRANCISCO. *Discurso no Encontro com a Comunidade do Movimento dos Focolares*, 10/05/2018, in: <http://w2.vatican.va/content/francesco/pt/speeches/2018/may/documents/papa-francesco_20180510_visita-loppiano-focolari.html> Acesso em 21/05/2018.

FRANCISCO. Encontro com os jornalistas durante o voo de regresso, 28/07/2013, em <https://w2.vatican.va/content/francesco/pt/speeches/2013/july/documents/papa-francesco_20130728_gmg-conferenza-stampa.html> grifo meu. Acesso em 21/05/2018.

FRANCISCO. *Entrevista ao Pe. Antonio Spadaro*, in: <https://w2.vatican.va/content/francesco/pt/speeches/2013/september/documents/papa-francesco_20130921_intervista-spadaro.html> Acesso em 21/05/2018).

MASCIARELLI, Michele. "Teología del laicado según el Concilio Vaticano II", en *Nuevo Diccionario de Mariología*. Madrid: Paulinas, 1986, 1033-1052.

SCANNONE, Juan Carlos. *Sabiduría popular, símbolo y filosofía: diálogo internacional en torno de una interpretación latinoamericana*. Buenos Aires: Guadalupe, 1984; SCANNONE, Juan Carlos. "Sabiduría y teología inculturada", *Stromata* 35 (1979): p. 3-18; SCANNONE, Juan Carlos. "El sujeto comunitario de la espiritualidad y mística populares", *Stromata* 70 (2014): p. 183-196; AWI MELLO, Alexandre. *Ela é minha Mãe*, p. 87-110.

SCHWITZER, Nicolás. *Espiritualidad laical*, em Catholic.net, in: <http://es.catholic.net/op/articulos/41897/espiritualidad-laical.html> grifo meu. Acesso em 18/05/2018.

2
MARIA: A PRIMEIRA LEIGA CRISTÃ – 1
Na Palavra de Deus

Dom Murilo Sebastião Ramos Krieger, scj
Arcebispo de São Salvador da Bahia – Primaz do Brasil

> Maria, mãe da Igreja, cheia de fé e de graça,
> totalmente consagrada ao Senhor,
> exemplo de mulher solícita e laboriosa...
> ecoem em nossos corações suas palavras:
> *Fazei tudo o que ele vos disser.*[1]

Introdução

A Mariologia é parte da teologia; trata de mistérios que são centrais na teologia e dos quais a Virgem Maria tomou parte – como, por exemplo, a encarnação do Verbo; a manifestação de Jesus aos pastores e aos magos; a revelação messiânica no Templo de Jerusalém e em Caná; a morte do Senhor na cruz e a efusão do Espírito Santo, em Pentecostes. A Mariologia procura responder à pergunta: Qual o lugar da Virgem Maria, Mãe de Deus, no mistério de Cristo e da Igreja?

As fontes da Mariologia são as mesmas da teologia – a saber:

- *a Sagrada Escritura*: como o estudo da Sagrada Escritura deve ser a alma da teologia[2], deve ser, consequentemente, também o da Mariologia. São muitos os textos

evangélicos referentes a Maria; mais importante, contudo, é a sua qualidade.
- *os Santos Padres*: já partir do II século, são inúmeras as referências à Mãe de Jesus, nos escritos dos Santos Padres. Na maioria das vezes em que eles se referiram a Maria, não foi com o desejo de fazer uma reflexão sobre ela, mas de refletir sobre Jesus e a Igreja;
- *o Magistério*: a ele "foi confiada a função de interpretar autenticamente a Palavra de Deus escrita e transmitida"[3]; ele não está acima dessa Palavra, mas a seu serviço. No desenvolvimento da Mariologia, o Magistério teve e tem um papel considerável, aprofundando o conhecimento do sentido de alguns textos bíblicos que fazem referência a Maria, e corrigindo doutrinas nascidas de interpretações errôneas de algumas passagens.
- *a Liturgia*: antes das primeiras reflexões teológicas sobre a Mãe de Jesus, já havia orações que destacavam seu papel de intercessora junto ao Pai.

Nesta reflexão, destacarei a presença de Maria, Mãe de Jesus, primeira leiga cristã, na Palavra de Deus.

I – MARIA NA PALAVRA DE DEUS

1. Carta de Paulo aos Gálatas

Na carta do apóstolo Paulo aos Gálatas, escrita pelo ano 54 – portanto, cerca de dez anos antes do aparecimento do Evangelho de Marcos –, tem origem a Mariologia bíblica. Nessa carta aparece a única passagem paulina referente a Maria – única, mas de uma importância fundamental, dado o destaque que o apóstolo atribui à ligação de Maria com Cristo. Essa ligação reaparecerá nos demais textos bíblicos que mencionam a Mãe de Jesus. Escreveu Paulo:

> [4]Quando se completou o tempo previsto, Deus enviou seu filho, nascido de uma mulher, nascido sujeito à Lei,

⁵para resgatar os que eram sujeitos à Lei, e todos recebemos a dignidade de filhos" (Gl 4,4-5).

Se alguém se fixar somente no versículo 4, poderá pensar que Jesus é, simplesmente, um homem que nasceu de uma mulher e que, tendo nascido de uma judia, tornou-se submisso à Lei judaica. Paulo se refere à Lei de Moisés, incapaz de salvar por si mesma – ou, como ele prefere dizer, de justificar.

Jesus se sujeita à lei de Moisés e ao nascimento humano (*nascido de uma mulher*) por dois motivos: para resgatar os que estavam sujeitos à lei da escravidão, que a Lei de Moisés lhes impunha, e para lhes permitir, por um dom da graça, de se tornarem livres, tendo em Cristo a filiação divina.

Mas quem é essa misteriosa mulher, da qual Paulo não cita o nome? Quem é a mulher que teve um papel importantíssimo *"quando se completou o tempo previsto"*? É a mulher do fim da espera messiânica; é a mulher do cumprimento das profecias relativas à salvação. É a mulher que tem vocação e missão especiais: trata-se da Mãe do Messias-Redentor.

Jesus, tendo nascido de uma mulher, assumiu uma verdadeira e real condição humana, uma vez que o preço do resgate mencionado por Paulo só poderia ser pago por Deus, e não por um simples homem. Por isso, esse homem, *"nascido de uma mulher"*, é o Filho de Deus. Por essa razão, tendo sido pago o preço do resgate, todos fomos adotados como filhos de Deus. Passamos a ter o Espírito Santo em nossos corações e a ter o direito de chamar Deus de Pai – melhor, de Papai (*Abbà*). Por graça de Deus, não somos mais escravos, mas filhos; e, se filhos, somos também herdeiros (Gl 4,7).

Ninguém tem dúvida em afirmar que aquela mulher anônima de Gl 4,4 se chama Maria. Ela, dando um corpo humano ao Filho de Deus, lhe deu a possibilidade de ser verdadeiramente solidário com o gênero humano que veio salvar.

2. Evangelho de Marcos

No Evangelho de Marcos encontramos dois textos que se referem a Maria: Mc 3,31-35 e 6,1-6. Foi escrito provavelmente entre os anos 64 a 68; é o mais antigo dos Evangelhos sinóticos. Para Marcos, o Evangelho, antes de ser um escrito literário, é uma pessoa: *"Início do Evangelho de Jesus Cristo, Filho de Deus"* (Mc 1,1). Esse evangelista procura demonstrar que Jesus é o Cristo, o Messias esperado, o Filho de Deus.

Seu primeiro texto mariológico (3,31-35) refere-se à visita que Jesus recebe de sua mãe e de seus irmãos. Provavelmente queriam saber se ele estava bem; para não perturbá-lo, mandaram chamá-lo (*"Tua mãe e teus irmãos e irmãs estão lá fora e te procuram"*). A quem lhe deu o aviso, Jesus respondeu: *"Quem é minha mãe? Quem são meus irmãos?"* O evangelista observou que Jesus olhou para os que estavam sentados a seu redor, e lhes disse: *"Eis minha mãe e meus irmãos! Quem faz a vontade de Deus, esse é meu irmão, minha irmã e minha mãe"*.

Com sua observação, Jesus não diminuiu o papel de sua mãe, mas demonstrou que ela, antes de qualquer outra pessoa, estava inserida na dinâmica da salvação. Sua grandeza e importância não estavam tanto em sua maternidade física – importantíssima, por sinal –, mas em ser a primeira criatura que, buscando fazer a vontade de Deus (*"Faça-se em mim segundo a tua palavra!"*), aceitou inserir-se plenamente no desígnio de salvação que Jesus anunciou e cumpriu. Marcos fez de Maria a "Mãe-discípula", exemplo de como seguir Jesus.

Na segunda passagem de Marcos (6,1-6), é dado destaque à hostilidade que Jesus passou a sofrer, especialmente por parte de seus conterrâneos. Como entender o que ele dizia e fazia, como compreender sua sabedoria, se era tão somente *"...o carpinteiro, o filho de Maria...?"*. Pelo costume hebraico, Jesus deveria ser identificado pelo nome de seu pai, que o evangelista Marcos nunca cita; no entanto, é mencionado o nome de sua Mãe, Maria. Mas qual era a razão da hostilidade e do escândalo por parte dos nazarenos? É que eles, mesmo vendo em Jesus as obras de Deus, e testemunhando sua sabedoria, não conseguiam dar o passo na fé: não aceitavam *"o filho de Maria"* como Messias e Filho de Deus.

3. Evangelho de Mateus

No Evangelho de Mateus, Maria começa a ser citada na genealogia de Jesus: *"Jacó gerou José, o esposo de Maria, da qual nasceu Jesus, que é chamado Cristo"* (1,16). O que Deus quer nos revelar sobre o seu plano por meio dessa passagem? Seguindo uma tradição do Antigo Testamento, o evangelista quer destacar a continuidade da história de Deus com os homens. Com Jesus termina a antiga história e tem início a nova criação. A história da salvação, iniciada com Abraão, chega agora a seu ponto máximo.

Com a genealogia de Mateus, Maria entra na história da salvação. Graças a ela, o Messias é uma novidade nessa história, não um produto dela.

Na descrição da concepção de Jesus, de seu nascimento e do sonho de José (1,18-25), o evangelista Mateus destaca a virgindade de Maria: é a força vital de Deus que a fez conceber. Nela age a vontade divina. Num sonho, esse mistério é revelado a José. Jesus não é um simples enviado divino, semelhante aos que o precederam no Antigo Testamento, mas é Emanuel, o Deus-conosco. Nele, Deus estará sempre conosco e para nós. Maria faz parte do sonho profético: é a Mãe Virgem ou a Virgem Mãe do verdadeiro Messias, aquela em quem se concretiza a promessa feita por intermédio do profeta Isaías: *"Eis que a jovem conceberá e dará à luz um filho e lhe porá o nome de Emanuel"* (Is 7,14).

Na visita dos Magos (2,1-12), Mateus acentua que *"quando eles entraram na casa, viram o menino com Maria, sua mãe"*. Para eles, foi a confirmação do que procuravam: *"Ajoelharam-se diante dele e o adoraram"*. A estrela os havia guiado até a Gruta de Belém; depois disso, desapareceu. Maria não apenas lhes indicou o Messias, mas o deu a eles.

Mateus volta a falar de Maria quando se refere à fuga da Sagrada Família para o Egito, à matança dos meninos de Belém e de todo o território vizinho e à volta da Sagrada Família do Egito para Nazaré. Por cinco vezes destaca aqueles que são objeto de um cuidado especial de Deus: *o menino e sua mãe*: vv. 11.13.14.20.21. A Mãe e o Menino são agora o novo povo de Deus, a Igreja, de quem Maria, na sua maternidade, é imagem profética; Jesus é o novo libertador, o novo Moisés.

4. Evangelho de Lucas

O evangelista Lucas nos leva ao coração da Mariologia. Por 13 vezes ele chama a Mãe de Jesus de "Maria", sendo uma nos Atos dos Apóstolos (1,14), e as outras 12 nos dois primeiros capítulos de seu Evangelho. Por 3 vezes ele se refere a Maria como mãe, em relação a Jesus (2,21.33.48). Maria é a Mãe do Menino Jesus – Menino que será causa de alegria para todo o povo, segundo os anjos falaram aos pastores de Belém (2,10).

Na Anunciação aparece, pela primeira vez, o nome de Maria. O anjo Gabriel, entrando na casa de Nazaré, inaugurou o tempo do cumprimento das promessas messiânicas com uma saudação toda especial: um convite à alegria (*"Alegra-te"*), a revelação da condição de Maria (*"cheia de graça"*) e sua vocação (*"O senhor está contigo"* – 1,28). A resposta de Maria (*"Eis aqui a serva do Senhor! Faça-se em mim segundo a tua palavra"* 1,38) à proposta de Deus, transmitida pelo anjo Gabriel, deu origem ao acontecimento mais importante da história da humanidade: *"A Palavra de Deus se fez carne e veio morar entre nós"* (Jo 1,14).

Na visita de Maria a Isabel (1,39-45), destacam-se: a pressa de Maria (pronta obediência e disponibilidade à vontade de Deus); o encontro de duas mulheres particularmente abençoadas por Deus (na mentalidade bíblica, entrar na casa de alguém significa desejar dividir a vida em tudo); e o elogio da fé, feito por Isabel a Maria (não se trata de um desejo de Isabel; cheia do Espírito Santo, ela proclamou um fato: Maria é bem-aventurada; é bendita).

No canto do *Magnificat*, que Maria dirige ao Senhor, confluem o canto de Maria, irmã de Aarão (Ex 15,20-21: *"Cantai ao Senhor porque estupenda foi a vitória..."*), de Débora (Jz 5,2-31: *"Eu, eu quero cantar ao Senhor, um hino ao Senhor, Deus de Israel*), de Judite (Jt 16,1-17: *"Entoai o louvor de meu Deus com tambores..."*) e de Ana (1Sm 2,1-10: *"Meu coração exulta no Senhor, graças ao Senhor se levanta minha força..."*). Maria louva e agradece a Deus pela salvação já operada em favor dos humildes e dos pobres. O cântico do *Magnificat* ressoa diariamente nos lábios da Igreja-Esposa[4], qual expressão perene de agradecimento e louvor a seu Deus.

No capítulo segundo do Evangelho de Lucas, temos uma unidade narrativa articulada em três cenas, com três protagonistas. As cenas: o nascimento de Jesus (2,1-7), a revelação aos pastores (vv. 8-20) e a circuncisão de Jesus (v. 21). Os protagonistas são Maria e José; o anjo do Senhor, de quem não se diz o nome; e os pastores. Oferecendo ao mundo o seu Filho, o Salvador, Maria oferece ao mundo a salvação que ele veio trazer. Mesmo para ela, contudo, trata-se de uma experiência tão forte e profunda de quanto Deus é misericordioso e ousado em seus planos, que só lhe resta *"guardar tudo em seu coração, meditando"* (2,19).

Ao apresentar Jesus no Templo (Lc 2,22-40), Maria e José submetem-se ao que é prescrito pela Lei. Com Simeão, entra em cena o Espírito Santo, para fazê-los entender que sempre e somente ele conduz a história da salvação. Simeão é o primeiro a anunciar que a salvação não é somente para Israel, o povo escolhido, mas para todos os povos; ao profetizar que uma espada transpassaria o coração da Mãe, ele antecipou que ela participaria intimamente da obra redentora de seu Filho.

Ao perderem Jesus, e ao encontrá-lo no Templo de Jerusalém, Maria e José tiveram a oportunidade de ouvi-lo falar que Deus é seu Pai: *"Não sabíeis que devo tratar das coisas de meu Pai?"* (2,50). Jesus se dá, pois, o título de Filho de Deus – título que o anjo Gabriel já havia antecipado a Maria, na Anunciação (1,32.35). Com esse episódio, Maria sai de cena do Evangelho de Lucas.

O evangelista Lucas voltará a se referir a Maria nos Atos dos Apóstolos, ao descrever a cena de Pentecostes (1,12-14). A presença de Maria no Cenáculo de Jerusalém destaca sua função na comunidade dos fiéis: é a Virgem Orante, que implora ao Pai a vinda do Espírito Santo; é a Mãe da Igreja, que começa a exercer a missão que seu Filho lhe deu na Cruz (cf. Jo 19,25-27); é a Mãe da Unidade, que ajuda os discípulos a estarem unidos na oração e na comunhão fraterna (cf. At 2,42). Quem acolhe Maria na própria casa e na própria vida se prepara para acolher o Espírito Santo.

5. Evangelho de João

O que se sabe da Virgem Maria, lendo o Evangelho de João? Esse evangelista destaca a presença de Maria em dois momentos: no casamento em Caná, da Galileia (Jo 2,11), e no Calvário, aos pés da Cruz (Jo 19,25-27). O casamento em Caná testemunha a ação do Espírito Santo no coração de Maria, levando-a a solicitar a seu Filho o prodígio da transformação da água em vinho. Com isso, Jesus deu início a seus milagres e seus discípulos acreditaram nele.

A partir de Caná, Maria desaparece de cena e só reaparecerá no Calvário. Se em Caná, antecipando a hora de Jesus, Maria promove a passagem para a nova aliança, aos pés da Cruz, recebendo como filho *"o discípulo que Jesus amava"* (Jo 19,26), colabora com essa aliança. Ela ali está como representante do resto fiel do antigo povo de Israel, que se une com o novo, representado pelo discípulo sem-nome, porque figura simbólica que acolhe a Mãe na sua casa. Maria, a Mãe/Israel, a mulher/esposa fiel da antiga aliança entra na nova aliança, que já havia solicitado em Caná. Ela é imagem da Igreja que nasceu aos pés da Cruz.

6. Apocalipse

No livro do Apocalipse, revestido de muitos símbolos, não há referências diretas a Maria. Mas o capítulo 12, que trata da Mulher-Igreja, sempre foi visto como uma descrição da Mãe de Jesus: uma mulher vestida de sol, com uma coroa de doze estrelas na cabeça, dá à luz um filho, que o dragão quer devorar; o filho é arrebatado para junto de Deus e ela foge para o deserto etc. O gênero profético mistura aqui acontecimentos e profecias.

A "mulher" a que se refere o capítulo 12 é, antes de tudo, a Igreja. Mas os Santos Padres viam ali uma referência a Maria, que deu à luz Jesus, em Belém. "Os sofrimentos dessa mulher lembram o caminho de fé de Maria: proclamada "bem-aventurada" por Isabel, justamente porque acreditou em Deus, capaz de realizar o que parecia impossível; proclamada bem-aventurada pela Igreja, porque caminhou na escuridão da fé. A mulher que foge para o deserto lembra Maria, que pertencia à comunidade de Jerusalém, perseguida após a morte e ressurreição de Cristo. Enfim, a "mulher revestida de sol", que tinha a luz debaixo de seus pés e estava coroada de estrelas, é Maria glorificada, moradora do novo céu e da nova terra (cf. Ap 21,1), já presente, pois, na Jerusalém celeste, onde não há mais lágrima, nem morte (cf. Ap 21,4)."[5]

II – MARIA DE NAZARÉ: MODELO PARA OS LEIGOS DE HOJE?

Poderia Maria de Nazaré, a Maria do Evangelho, a Mãe de Jesus, ser modelo para o homem e a mulher de nosso tempo? Quem nos auxilia na resposta é Papa São Paulo VI, para quem a Mãe de Jesus é "proposta pela Igreja à imitação dos fiéis, não exatamente pelo tipo de vida que levou ou, menos ainda, por causa do ambiente sociocultural em que se desenrolou a sua existência, hoje superado quase por toda a parte; mas sim porque, nas condições concretas da sua vida, ela aderiu total e responsavelmente à vontade de Deus (Lc 1,38)". Maria acolheu a palavra de Deus e a colocou em prática. Toda a sua vida foi impulsionada pela caridade e pelo desejo de servir. A Mãe de Jesus foi "a primeira e a mais perfeita discípula de Cristo".[6] A Virgem Maria é um modelo para todos os povos, de todas as épocas e lugares.

Hoje, todos querem participar mais e mais da sociedade; querem ter o poder de opinar e de tomar decisões. Olhando para Maria, descobre-se que ela deu a Deus um consentimento ativo e responsável (cf. LG, 56), por ocasião do acontecimento mais importante da História: a encarnação do Verbo. Por isso, proclama São Bernardo de Claraval († 1153):

2. Maria: a primeira leiga cristã – 1

Com muita propriedade Maria é comparada a uma estrela, porque, assim como a estrela emite seu raio sem se alterar, da mesma forma a Virgem deu à luz o Filho, sem ferir a sua integridade. O raio não diminui o brilho da estrela, nem o Filho, a integridade da Virgem. É ela a nobre estrela nascida de Jacó (cf. Nm 24,17), cujo raio ilumina todo o universo, cujo esplendor refulge nos céus.[7]

Maria de Nazaré, "a primeira entre os humildes e os pobres do Senhor" (LG 55), foi uma mulher forte, que conheceu de perto a pobreza e o sofrimento, a fuga e o exílio (cf. Mt 2,13-23). Quando é difícil permanecer firme na fé, diante dos desafios que a vida nos obriga a enfrentar, é alentador olhar para Maria:

> Ó tu, que na instabilidade deste mundo [...] és sacudido pelas tormentas e tempestades, [...] não desvies o olhar do fulgor dessa estrela, se não quiseres ser arrastado pelos furacões! Se contra ti se insurgirem os ventos das tentações e se bateres contra as rochas das tribulações, olha para a estrela, invoca Maria.[8]

Aprendemos com Maria de Nazaré que sua escolha pelo estado virginal não foi fruto de uma decisão de se fechar em si mesma ou de menosprezar o estado matrimonial, mas, sim, resultado de uma opção corajosa, feita para se consagrar totalmente ao amor de Deus. São multidões que a escolhem como Mestra na arte de serem totalmente do Senhor:

> Se és jogado pelas ondas da soberba, das ambições, da calúnia e da rivalidade, olha para a estrela, invoca Maria. Se a ira, a avareza ou a concupiscência da carne sacudirem com violência a navezinha do teu espírito, olha para Maria.[9]

51

Maria de Nazaré abandonou-se totalmente à vontade de Deus; essa sua atitude ("Eis aqui a serva do Senhor! Faça-se em mim segundo a tua palavra" – Lc 1,38), contudo, longe de ser resultado da passividade, da indiferença ou de uma religiosidade alienante, nasceu da convicção de alguém que sabia que Deus não hesita em mostrar a força de seu braço, pois, quando necessário, dispersa os que têm planos orgulhosos e derruba os poderosos de seus tronos (cf. Lc 1,51-52):

> Se perturbado pela enormidade dos pecados, confuso pela vileza da consciência e aterrorizado pelo medo do juízo, começares a ser absorvido pela voragem da tristeza e pelo abismo do desespero, pensa em Maria.[10]

Maria de Nazaré não teve seu olhar voltado unicamente para o seu Filho Jesus: com sua presença, com o testemunho do que o Espírito Santo é capaz de realizar, quando alguém se coloca totalmente à sua disposição, ela fortaleceu a comunidade dos discípulos de Jesus, reunidos no Cenáculo. Entende-se, pois, porque Jesus, no alto da Cruz, havia colocado os que o seguiriam sob a proteção de tal Mãe:

> Nos perigos, nas angústias e nas incertezas, pensa em Maria, invoca Maria. Ela esteja sempre na tua boca e no teu coração; e, para obter a ajuda de sua oração, não esqueças de seguir o seu exemplo. Seguindo-a, não te desvias; invocando-a, não desesperas; pensado nela, não erras. Com o seu apoio não cais; sob sua proteção, não temes; se ela te guia, não te cansas; se te é propícia, chegas ao fim."[11]

REFERÊNCIAS

1. CNBB. *Cristãos Leigos e Leigas na Igreja e na Sociedade*. Documento 105, nº 284.
2. Cf. CONCÍLIO VATICANO II. Constituição Dogmática *Dei Verbum*, 24; Decreto *Optatam totius*, nº 16.
3. CONCÍLIO VATICANO II. Constituição Dogmática *Dei Verbum*, nº 10.
4. Cf. *Vésperas* da Liturgia das Horas.
5. KRIEGER, Murilo. *Com Maria, a Mãe de Jesus*, p. 37.
6. PAULO VI. Exortação Apostólica *Marialis Cultus*, nº 35.
7. SÃO BERNARDO DE CLARAVAL. v. IV, 2º sermão, 17.
8. SÃO BERNARDO DE CLARAVAL. v. IV, 2º sermão, 17.
9. SÃO BERNARDO DE CLARAVAL. v. IV, 2º sermão, 17.
10. SÃO BERNARDO DE CLARAVAL. v. IV, 2º sermão, 17.
11. SÃO BERNARDO DE CLARAVAL. v. IV, 2º sermão, 17.

INDICAÇÕES BIBLIOGRÁFICAS

CONCÍLIO VATICANO II. Constituição Dogmática *Dei Verbum*.

CONCÍLIO VATICANO II. Decreto *Optatam Totius*.

KRIEGER, M. *Com Maria, a Mãe de Jesus*. Aparecida: Editora Santuário, 2017.

PAULO VI. Exortação Apostólica *Marialis Cultus*, 1974.

PONTIFICIA ACADEMIA MARIANA INTERNATIONALIS. *La Madre del Signore*. Città del Vaticano, 2000. In: <https://docs.wixstatic.com/ugd/33e389_f3811e1a07ef45329437b3a1fe215434.pdf> Acesso em 11/04/2019.

STAGLIANO, A. *Maria di Nazaret da Conoscere e Amare*. Città del Vaticano: Libreria Editrice Vaticana, 2016.

3
MARIA: A PRIMEIRA LEIGA CRISTÃ – 2
Nos Santos Padres[1]

Dom Murilo Sebastião Ramos Krieger, scj
Arcebispo de São Salvador da Bahia – Primaz do Brasil

Padres da Igreja
são chamados com razão aqueles santos que,
com a força da fé, a profundidade e
a riqueza de seus ensinamentos,
durante os primeiros séculos a geraram e a formaram.[2]

Introdução

Os quatro evangelistas encontram-se entre os primeiros catequistas da Igreja. Mais do que transmitir uma doutrina, eles anunciam uma Pessoa: Jesus de Nazaré, morto, sepultado e ressuscitado. Ele é o Salvador, o Mestre, o Amigo, o Companheiro de caminhada. Ele é o único caminho, a única porta para a vida eterna (cf. Jo 10,1-10; 14,6).

Nesse cristocentrismo catequético, qual é o lugar de Maria? Já os primeiros cristãos começaram a perceber que, ao lado de Jesus, protagonista do evento salvador da humanidade, o Novo Testamento coloca Maria, sua mãe terrena. Mesmo não sendo ela a figura principal, os evangelistas Mateus, Lucas e João dedicaram-lhe textos significativos, com um amplo retrato da Mãe Jesus. Maria é apresentada unida a seu Filho no nascimento, em Belém; no início de seu apostolado, em Caná; no momento do Calvário; em Pentecostes, no início da Igreja. Esses dados bíblicos estão na base da primeira catequese patrística sobre a Virgem Maria.

Nasceram, nessa época, os primeiros "símbolos da fé", que tinham a função de exprimir, de forma objetiva, clara e sintética, aquilo que é essencial na fé cristã. O símbolo Niceno-constantinopolitano, de 381, por exemplo, ao afirmar o nascimento do Filho de Deus no tempo, destaca que "se encarnou pelo Espírito Santo, no seio da Maria Virgem". Diante dessa inclusão, Maria se tornou tema da catequese e da oração cristãs. Aos poucos, cresceu a reflexão sobre o seu lugar no mistério da encarnação e o significado de sua presença materna na Igreja. Os autores dessas reflexões são chamados de "Padres da Igreja" ou "Santos Padres".

Os Padres da Igreja, geralmente bispos, eram escritores eclesiásticos da antiguidade cristã, do Oriente (Padres gregos) e do Ocidente (Padres Latinos). Eles nos deixaram textos riquíssimos, que, já em seu tempo, iluminavam a vida da Igreja e a orientavam, em resposta aos escritos dos primeiros heresiarcas. Os ensinamentos dos Santos Padres, segundo Melchior Cano, teólogo dominicano do século XVI, na obra "De Locis Theologicus", têm como características a antiguidade, a ortodoxia de doutrina, a santidade de vida dos próprios Padres e o reconhecimento eclesial. Seus escritos deram origem ao que chamamos de "Patrística".

Segundo o Papa São João Paulo II, eles

> [...] foram ´Padres´ ou Pais da Igreja porque deles, mediante o Evangelho, ela recebeu a vida. E também seus construtores, porque deles – sobre o fundamento único colocado pelos Apóstolos, que é Cristo – a Igreja de Deus foi edificada nas suas estruturas fundamentais. [...] De maneira que todo o anúncio e magistério seguinte, se quer ser autêntico, deve pôr-se em confronto com o anúncio e o magistério deles; todo o carisma e todo o ministério deve beber na fonte vital da paternidade deles; e toda a pedra nova, acrescentada ao edifício santo que todos os dias cresce e se amplifica, deve colocar-se nas estruturas já por eles postas e a elas soldar-se e ligar-se.[3]

I – UM OLHAR PARA OS SANTOS PADRES

Os Padres da Igreja normalmente escreveram sobre Maria não de maneira direta, intencional, mas a ela se referiram quando explicavam alguma passagem bíblica ou algum mistério de Cristo. Nos primeiros Santos Padres, a grande preocupação era com os elementos essenciais da fé (símbolos apostólicos, "credo"); com a lista dos livros canônicos da Bíblia (surgiam muitos livros apócrifos); com escritores que negavam a preexistência de Cristo e sua igualdade com Deus, vendo-o somente como um profeta; com os gnósticos, que não admitiam a encarnação do Verbo – para quem, consequentemente, Maria não era verdadeiramente Mãe do Filho de Deus.

Costuma-se dividir a Patrística em três fases: 1) das origens do cristianismo até o Concílio de Nicéia, em 325; 2) a idade de ouro: de 325 (Concílio de Nicéia) a 451 (Concílio de Calcedônia); e 3) declínio (no Ocidente, até 636; no Oriente, até 750).

1. Os primeiros Padres da Igreja
(1ª fase: até o ano 325)

Inácio de Antioquia († 107) – Inácio, bispo de Antioquia, foi o primeiro Padre da Igreja a escrever sobre Maria. Em suas cartas, escritas para algumas Igrejas, na embarcação que o levava para o martírio, Inácio exortou os fiéis a se manterem firmes na única Igreja, em torno do próprio bispo, na única fé transmitida pelos apóstolos do Senhor. Ao se referir à Igreja, ele revela o lugar insubstituível da Virgem mãe.

Para bispo de Antioquia, a verdadeira maternidade de Maria é o fundamento e a garantia da encarnação do Filho de Deus e da salvação por ele operada:

> Tapai vossos ouvidos, se alguém vos falar de Jesus Cristo de modo diferente de nós: ele é da estirpe de Davi, ele é de Maria; ele nasceu verdadeiramente, comeu e bebeu

verdadeiramente; verdadeiramente foi perseguido sob Pôncio Pilatos, verdadeiramente foi crucificado e morreu... verdadeiramente ressuscitou dos mortos... (*Tral.* 9, sc 10, 100).

A concepção virginal de Maria, segundo esse Padre, é um sinal divino tão importante que faz parte do núcleo primitivo do *Credo*:

> Vós estais plenamente convencidos a propósito de nosso Senhor, que é verdadeiramente da estirpe de Davi segundo a carne, Filho de Deus segundo a vontade e o poder de Deus, gerado verdadeiramente da virgem... (*Smir.* 1, sc 10, 132).

Inácio de Antioquia afirmava que nada aconteceu por acaso, mas tudo é fruto de um plano de Deus, oculto ao Demônio, "príncipe do mundo":

> Onde está a presunção dos que se proclamam sábios? Na verdade, nosso Deus Jesus Cristo encarnou-se no seio de Maria, segundo a economia de Deus, sendo por certo da descendência de Davi, mas concebido do Espírito Santo; foi gerado e batizado para purificar a água com a sua paixão. E permaneceu oculta ao príncipe deste mundo a virgindade de Maria e também o seu parto, como igualmente a morte do senhor: três grandíssimos mistérios, que se realizaram no silêncio de Deus (*Ef* 18-19, sc 10, 72-74).

Justino, filósofo e mártir († 165) - O filósofo Justino, nas duas "Apologias" dirigidas aos imperadores e no "Diálogo" com o judeu Trifão, procurou responder a uma pergunta que considerava fundamental: "Por que Deus se fez homem?" Para ele, a resposta está em Deus: a encarnação e a concepção virginal de Maria faziam parte de seus planos.

Escrevendo aos pagãos, Justino demonstrou que Cristo é a realização de toda filosofia verdadeira: a encarnação de Cristo em Maria é o aparecimento, em veste humana, do *"Logos"* subsistente, para dar a todas as pessoas, que na sua razão possuem a semente do *"Logos"*, a possibilidade de atingir facilmente a verdade e de colocá-la em prática.

Escrevendo aos judeus, Justino procurou provar que Cristo é o cumprimento e a realização do Antigo Testamento e das profecias, que no seu conjunto prenunciam todo o seu mistério. Assim, a passagem do profeta Isaías – "Pois bem, o próprio Senhor vos dará um sinal. Eis que a jovem conceberá e dará à luz um filho e lhe porá o nome de Emanuel" (Is 7,14) –, só se realizou em Cristo, o único que se disse e de fato foi gerado de uma virgem. Na realidade, que "sinal", que prodígio digno de Deus haveria no fato de uma jovem gerar de modo normal, se por dom divino puderam igualmente gerar mulheres velhas e estéreis, como nos mostram as escrituras?

> Mas o sinal que é verdadeiramente "sinal" e que devia tornar-se motivo de credibilidade para o gênero humano – isto: que o Primogênito de todas as criaturas, assumindo a carne de um seio virginal, verdadeiramente se houvesse feito criança – Deus o predisse por meio do Espírito profético, a fim de que, quando acontecesse, se soubesse que se realizara pelo poder e pelo querer do Criador do universo (*Diál.* 84, PG 6, 673).

Para Justino, existe uma razão interna das coisas: Deus quis reconduzir a história pelo mesmo caminho pelo qual o ser humano se precipitara no abismo do pecado e da morte: é a antítese Eva-Maria. O ser humano (Gn 3,1-20: pecado dos primeiros pais) destrói, Deus reconstrói (Lc 1,26-38: Anunciação); o ser humano peca, Deus salva; o ser humano introduz a morte, Deus restitui a vida. Por meio de Eva, cai Adão; por meio de Maria, nasce Cristo, Deus encarnado:

> Eva, ainda virgem e incorrupta, concebeu a palavra da serpente e deu à luz a desobediência e a morte. Maria, ao invés, a Virgem, acolhendo com fé e alegria o que o anjo

Gabriel lhe anunciou – a boa-nova –..., respondeu: "Faça-se em mim segundo a tua palavra". Dela nasceu aquele sobre o qual mostramos que falam tantas escrituras: por meio do qual Deus aniquila a serpente enganadora, os anjos e os homens que a ela se assemelham, e liberta da morte os que se arrependem e creem nele (*Diál.* 100, PG 6, 70-702).

Justino fixou a atenção não só no fato biológico da maternidade virginal de Maria, porém em sua resposta de fé e de obediência, pela qual se tornou mãe. Eva e Maria são responsáveis pela história humana: Eva com Satanás, Maria com Deus; Eva responsável pela morte, Maria pela vida. Para Justino, a cena da Anunciação nos apresenta Maria como a mãe verdadeira, a mãe-virgem. Nela, a Palavra de Deus se encarna para nos dar a vida.

Ireneu de Lião († 202) - Ireneu de Lião, bispo e mártir, é considerado por muitos como "o pai da Mariologia". Em sua obra "Contra as heresias" (5 volumes) e na "Demonstração da pregação apostólica" combate as heresias e lança as bases de uma teologia cristã, que gira em torno da história da salvação. Nessa história Maria tem um lugar único e insubstituível. Se Adão foi criado da terra-virgem, por virtude e poder de Deus (cf. Gn 2,4b-7), também o novo Adão deve ter as suas origens na terra-virgem, pelo mesmo poder e virtude de Deus. Maria é essa terra virgem, de quem Cristo se faz "primogênito":

> De fato, assim como pela desobediência de um só homem – o primeiro que foi plasmado com a terra não cultivada – todos se tornaram pecadores e perderam a vida, também era preciso que, pela obediência de um só homem – o primeiro que nasceu de uma virgem –, todos fossem justificados e obtivessem a salvação (*Contra as heresias*, III, 18,7, p. 7.933).

Ireneu desenvolve também a antítese Eva-Maria, já esboçada por Justino:

De modo análogo, nós pensamos que Maria também é obediente, e mostra sê-lo, quando diz: "Eis a tua serva, Senhor, faça-se em mim segundo a tua palavra". Ao contrário disso, encontramos Eva desobediente: de fato, não obedeceu exatamente quando ainda era virgem. Ora, como Eva...., que tendo desobedecido se tornou a causa de morte, tanto para si quanto para todo o gênero humano, também Maria..., obedecendo, tornou-se causa de salvação, tanto para si quanto para todo o gênero humano... Assim sendo, o nó da desobediência de Eva se desfez por causa da obediência de Maria; pois o que a virgem Eva, com a sua incredulidade, havia atado, a virgem Maria desatou com a sua fé (*Contra as heresias*, III, 22,4, PG 7, 958-960).

Para Ireneu, a encarnação recapitula a criação, porque a história humana recomeça o seu novo curso, redimida pelo Cristo, pelas suas ações e pelo seu próprio fato de ser homem-Deus. Para Ireneu, Is 7,14 nos lembra que o "sinal" dado por Deus não só a Acaz, mas a toda a família humana, não é apenas a Virgem que dá à luz, mas é, acima de tudo, Emanuel, o Deus-conosco, que nos vem salvar. Como Deus, ele nasce de uma Virgem; como homem, tem uma mãe:

> Aqueles que o chamam apenas de puro homem nascido de José..., negando o Emanuel que nasceu da Virgem, são privados do seu dom, que é a vida eterna; e, não acolhendo o Verbo que concede a incorrupção, continuam sendo uma carne mortal e são tributários da morte, porque não recebem o antídoto da vida (*Contra as heresias*, III, 19,1, PG 7, 938).

Para esse Padre da Igreja, portanto, a maternidade virginal de Maria é um artigo fundamental da fé e condição indispensável para se participar da salvação.[4]

2. Idade de Ouro da Patrística
(2ª fase: do ano 325 a 451)

2.1 Padres do Oriente

Basílio Magno († 379) – Em sua "Homilia sobre o Natal", Basílio Magno esclarece as dificuldades surgidas por causa de uma passagem evangélica ("não teve relações com ela até o dia em que deu à luz o filho"), apoiando-se no *"sensus fidelium"* (a íntima percepção da alma dos fiéis), por meio do qual se exprime o Espírito de verdade:

> Não teve relações com ela, diz o evangelho, até o dia em que deu à luz o filho (Mt 1,25). Isso levaria a supor que Maria, depois de haver prestado um puro serviço à geração do Senhor, ocorrida por obra do Espírito Santo, não houvesse depois recusado as relações conjugais comuns. Nós, porém, ainda que isso não toque a doutrina da fé (com efeito, a virgindade era necessária para o serviço da encarnação, e o que aconteceu depois é indiferente ao mistério), já que os fiéis não aceitam ouvir que a mãe de Deus tenha deixado em algum momento da vida de ser virgem, acreditamos que esses testemunhos são suficientes (*Homilia sobre o Natal*, 5, PG 31, 1468).

Gregório Nazianzeno († 389) – Considerado o maior teólogo da Igreja Bizantina, Gregório Nazianzeno destaca três aspectos cristológicos que dizem respeito também a Maria: a) quanto à união hipostática das naturezas em Cristo, e consequente maternidade divina de Maria: "Nós não separamos o homem da divindade, mas o professamos um só e o mesmo antes não homem mas Deus e único Filho...; no fim, entretanto, também homem: homem assumido para a nossa salvação; passível segundo a carne, impassível na divindade, terreno e celeste a um tempo..." (*Carta 101, A Cledônio*, PG 37, 177). Cristo, portanto, tem duas naturezas (divina e humana), não duas pessoas; duas gerações: uma eterna do Pai, a outra no tempo da mãe, que, por isso, é

verdadeiramente *Theotókos*: "Se alguém não crê que santa Maria é *Theotókos*, fica excluído da divindade" (*idem*);
b) quanto à integridade da natureza humana, assumida pelo Verbo, e consequente maternidade verdadeira e plena de Maria: "De uma virgem casta / é concebido e nasce Deus: /todo Deus e homem ao mesmo tempo, para salvar-me todo" *(Poemas, I, 10, PG 37, 467)*.
c) quanto à "pré-purificação" da Virgem Maria: a descida do Espírito Santo envolve Maria, alma e corpo, para que possa dar ao Verbo uma carne humana absolutamente imaculada. "Torna-se homem em tudo, exceto no pecado; concebido de uma Virgem, pré-purificada pelo Espírito Santo na alma e na carne..." (*Homilia sobre a Teofania*, PG 36, 325).

Cirilo de Alexandria († 444) – O nome de Cirilo de Alexandria está intimamente ligado ao Concílio de Éfeso (431) e à doutrina católica sobre a maternidade divina, em oposição a Nestório († 451), bispo de Constantinopla, que pregava a existência em Cristo de duas naturezas e duas pessoas. Segundo Nestório, portanto, Maria não podia e não devia ser chamada *Theotókos* (Mãe de Deus), mas apenas mãe do homem Jesus, unido ao Verbo de Deus. Cirilo lhe respondeu com uma carta que foi a base da doutrina do Concílio de Éfeso:

> O grande e santo Concílio de Niceia afirmou que o próprio Filho unigênito, que nascera segundo a natureza de Deus Pai, Deus verdadeiro de Deus verdadeiro... desceu, se encarnou e se fez homem, sofreu, ressurgiu ao terceiro dia e voltou aos céus... Assim sendo, aquele que existia antes dos séculos e fora gerado pelo Pai, dizemos que foi gerado também por uma mulher segundo a carne... Isso é o que atesta em toda parte a sã doutrina da fé; foi isso que pensaram os santos Padres. Esses não hesitaram em chamar *Theotókos* a santa Virgem, não porque a natureza do Verbo ou a sua divindade tenham tido começo na santa Virgem, mas porque foi por ela gerado o santo corpo, animado de alma racional, a que se achava unido o Verbo segundo a hipóstase (ACO 1,1/1,25-28).

Cirilo e o Concílio de Éfeso afirmam, no Verbo encarnado, a diversidade das naturezas; a sua união na pessoa do Verbo; a verdadeira maternidade divina de Maria, não porque a sua função materna tenha dado origem à divindade do Filho, mas porque o filho verdadeiramente seu, dela verdadeiramente nascido segundo a carne, é o mesmo e único Filho do Pai, por ele gerado antes dos séculos.[5]

2.2 Padres do Ocidente

Ambrósio de Milão († 397) – Ambrósio de Milão é reconhecido como "o pai da Mariologia latina". Mesmo não tendo escrito nenhum livro sobre Maria, fez contínuas referências a ela em seus escritos. Tinha pela Mãe de Jesus uma veneração profunda, destacando seu papel no mistério da salvação de Deus. Propôs a imitação de Maria às virgens, às mães, às viúvas e a todos os fiéis.

Segundo ele, Cristo é o novo Adão, início de uma nova humanidade:

> Não foi do sangue nem da vontade da carne nem da vontade do homem, mas do Espírito Santo e da Virgem que ele nasceu (*Sobre o Salmo* 37,5, PL 14, 1011).

Ambrósio defende a virgindade perpétua de Maria, considerando-a como a base da sua grandeza espiritual: "Quem mais nobre do que a mãe de Deus? Quem mais esplêndido do que aquela que foi escolhida pelo próprio Esplendor? (Às Virgens, 2,7, PL 16, 208). Maria "era virgem não só no corpo, mas também na mente" (id.).

Esse Padre da Igreja alude a quatro momentos que, de certo modo, compõem o itinerário virginal de Maria:
a) *antes de Anunciação*: Ambrósio vê em Maria o que deseja encontrar em todas as virgens: o pudor virginal, a assídua leitura da Palavra de Deus, a humildade do coração, a reserva, a modéstia, a obediência, a caridade solícita etc. (cf. Às Virgens, 2,6-11, PL 16, 208-211);

b) *a mãe-virgem*: Maria tem as virtudes fundamentais da espiritualidade cristã, como a fé ("Com efeito, não seria justo que uma incrédula tivesse sido escolhida para gerar o Filho único de Deus..." – *Comentário sobre Lucas*, 2,14, PL 15, 1558), a humildade ("Ela se declara serva do Senhor, ela que foi escolhida para ser sua mãe; essa promessa inesperada não a fez orgulhar-se absolutamente" – *idem*) e a identificação com o Filho (a mãe que Deus escolheu não pode ser diferente do Filho, que é manso e humilde de coração – *ibidem*);

c) *a sempre virgem*: Ambrósio coloca-se no lugar de José e conclui: jamais "um homem justo teria caído na loucura de unir-se em conúbio corpóreo com a mãe do Senhor" – *Educação das virgens*, 6,45, PL 16, 317); coloca-se no lugar de Maria e argumenta: "Não podia acontecer que aquela que havia trazido Deus no seu seio resolvesse depois entregar-se a um homem!" – *ibidem*); coloca-se no lugar de Deus e pergunta: "Será que o Senhor Jesus escolheria como mãe alguém que contaminasse, pelo contato com um homem, o seu celeste seio, como se fosse impossível conservar intacta a sua integridade virginal?..." – *ibidem*);

d) *aos pés da cruz*: "A mãe estava de pé junto da cruz, e, enquanto os homens fugiam, ela permanecia ali, intrépida" (*Educação das virgens*, 6, 49, PL 16, 318); "A mãe olhava com olhar piedoso as chagas do Filho, do qual sabia que viria a redenção do mundo. Permanecia de pé, oferecendo um espetáculo não diferente do que ele oferecia, ao mesmo tempo que não temia quem o havia matado. O Filho pendia da cruz; a mãe se oferecia aos perseguidores." (*idem*).

Ambrósio foi provavelmente o primeiro no Ocidente a se referir ao paralelo entre Maria e a Igreja, entre Maria e cada fiel na Igreja:

> Se corporalmente existe uma só mãe de Cristo, segundo a fé, Cristo é gerado por todos; cada alma, na verdade, recebe em si o Verbo de Deus, contanto que, imaculada e imune de culpas, saiba guardar a castidade com coragem (*Comentário sobre Lucas*, 2,26, PL 15, 1561-1562).

Enfim, Ambrósio convida todos a prolongarem Maria:

> Esteja em cada um a alma de Maria, para engrandecer o Senhor; esteja em cada um o Espírito de Maria, para exultar em Deus (*Comentário sobre Lucas, 2,26,* PL 15, 1561).

Jerônimo († 420) – Baseando-se unicamente nas Escrituras, Jerônimo escreveu o primeiro tratado mariano, intitulado "Sobre a perpétua virgindade da bem-aventurada Maria, contra Helvídio":

> Tu dizes que Maria não permaneceu virgem, eu, por minha vez, defendo coisas maiores, afirmando que também José foi virgem por causa de Maria, de modo que, do matrimônio virginal, nascesse o Filho virgem (*Contra Helvídio*, 19, pl 23, 214).

Para ele, que era exegeta, Maria se alimentava de livros divinos, aos quais recorria constantemente, comparando o que seu Filho Jesus fazia com as predições e os fatos do Antigo Testamento:

> Maria, porém, guardava todas essas coisas, meditando-as no seu coração (Lc 2,19). Quer dizer "comparando-as"? Deveria ser dito: "considerava no seu coração e anotava-as para si"... Via jazer o menino; via no presépio o menino que chorava baixinho, o Filho de Deus que jazia, o seu filho, o único filho: via-o jazer e comparava as coisas que ouvira e que lera com essas que via (*Sobre o Natal do Senhor*, CCL, 78, 527).

Agostinho († 430) – Santo Agostinho é o maior dos Padres da Igreja latina e, segundo muitos, de toda a Igreja. Podemos resumir seu pensamento a respeito de Maria em três pontos: Maria no mistério de Cristo; a figura teológica de Maria e a relação Maria-Igreja.

Maria no mistério de Cristo: O ser humano está infectado pelo pecado de origem, porque todos e cada um vêm ao mundo pela relação do homem com a mulher, dominados pela concupiscência. A única exceção é Cristo, porque não houve concupiscência alguma no seu nascimento, já que de um lado interveio o Espírito Santo para santificar, e, do outro, a concepção ocorreu somente mediante adesão de fé e o fervor da caridade:

> Por causa de sua santa concepção no ventre de uma virgem, concepção ocorrida sem o fogo da concupiscência da carne, mas com o fervor da caridade que promana da fé, diz-se que [Cristo] "nasceu do Espírito Santo e da Virgem Maria." (*Sermão* 214, 6, PL 38, 1069). "Quem compreenderá a novidade "nova", inusitada, única no mundo, incrível que se tornou crível e em todo o mundo incrivelmente crida, de que uma virgem concebeu, uma virgem deu à luz e mesmo dando à luz permaneceu virgem?" (*Sermão*, 190, 2, PL 38, 1008). "Virgem na concepção, virgem no parto, virgem quando engravidou, virgem grávida, virgem perpétua (*Sermão* 186, 1, PL 38, 999).

A figura teológica de Maria: para Agostinho, Maria é a "Toda santa":

– santidade *negativa*, que exclui de Maria todo pecado, por causa da eleição ou escolha de Deus e da sua maternidade divina:

> Com exceção da santa virgem Maria, da qual, para a honra do Senhor, não quero absolutamente que se levante qualquer questão quando se fala de pecado, pois, como sabemos, que maior abundância de graça lhe poderia ter sido conferida para vencer de todas as parte o pecado, já que mereceu conceber e dar à luz aquele que com toda certeza não teve pecado algum (*Sobre a natureza e a graça*, 42, PL 44, 267);

– santidade *positiva*, constituídas pelas virtudes cristãs essenciais – a fé, a caridade, a humildade, a obediência:

Representa mais para Maria ter sido discípula de Cristo do que ser mãe de Cristo [...]. Por isso, também Maria é bem-aventurada, porque escutou a palavra de Deus e a guardou: guardou mais na mente a verdade, do que no ventre a carne. Cristo é verdade, Cristo é carne: Cristo-verdade na mente de Maria, Cristo-carne no ventre de Maria. Vale mais aquele que se traz na mente do que aquele que se porta no ventre (Sermão Dênis 25, 7, PL 46, 937-938).

A relação Maria-Igreja: Agostinho ressalta a superioridade da Igreja em face de Maria, porque também Maria é membro da Igreja, membro excelso e santo, mas simplesmente membro; a Igreja, ao invés, é o "corpo" de que constituem parte todos os membros, inclusive Maria, e com a sua cabeça forma uma só coisa, o Cristo total:

> Certamente Maria é mãe dos membros [da Igreja], que somos nós, porque cooperou com a sua caridade para o nascimento na Igreja dos fiéis, que são os membros de tal cabeça; quanto ao corpo, contudo, ela é mãe da própria cabeça (*Sobre a santa virgindade*, 5-6, PL 40, 399).[6]

3. Os últimos Padres
(3ª fase: do ano 325 até o século VII/VIII)

A partir do século IV, os escritores eclesiásticos acentuaram as principais ideias dos grandes Padres da Igreja: a maternidade divina, a virgindade perpétua, a beleza interior e a santidade de Maria antes de anunciação; cresceu a convicção a respeito da assunção de Maria.

Dentre os Padres, destacam-se Romano, o Melódio († 560), autor de vários hinos gregos – e, segundo alguns, do famoso hino *Akáthistos;* Hildefonso de Toledo († 667), que se dirige a Maria como "Senhora" e se apresenta como "servo"; Germano de Constantinopla, promotor da piedade mariana, considerava indispensável para todos a intercessão e o auxílio de Maria; João Damasceno considerava Maria como uma bênção perene para o gênero humano, os seus santuários como uma fonte de graça e de cura espiritual e corporal, e sua intercessão como uma âncora segura de esperança para todos os seus filhos.

II – UM OLHAR PARA A NOSSA VIDA

As reflexões dos Santos Padres sobre Jesus Cristo e a Igreja não são meras especulações teológicas. Para eles, a preocupação principal era como seguir Jesus, como imitá-lo e anunciá-lo? Tomaram consciência de que ao lado de Jesus havia alguém que teve em sua vida e missão um papel único. Dessa constatação, nasceram reflexões que destacavam a dimensão mariana da espiritualidade cristã – dimensão que foi depois desenvolvida, aprofundada e popularizada, ao longo dos séculos na vida da Igreja.

A espiritualidade cristã é uma só: é a vida segundo o Espírito (Gl 5,18), que nos une a Cristo e nos conforma progressivamente a ele, levando à plenitude nossa condição de filhos adotivos do Pai (cf. 1Jo 3,1-2; Ef 1,5; Jo 1,12). Uma vez que a espiritualidade cristã nos transforma em um "outro Cristo", qual é o lugar de Maria nela? Pode-se falar em uma "espiritualidade mariana" ou, como outros preferem, em uma "dimensão mariana da espiritualidade cristã"?

O Papa São João Paulo II destacou que o relacionamento pessoal entre Maria e cada um dos discípulos de Cristo se constitui em uma "única e irrepetível relação" (RMa, 45). As palavras de Jesus – "Mulher, eis o teu filho" e "Eis a tua Mãe" – determinam o lugar de Maria na vida dos discípulos de Cristo (RMa, 44). É necessário, contudo, inserir a dimensão mariana na única espiritualidade cristã, para se evitar o risco de que a espiritualidade mariana seja entendida como uma espiritualidade paralela à cristã.

O estudo da Mariologia tende à aquisição de uma sólida espiritualidade mariana. Com Maria e como Maria, o fiel imprime na própria existência "um decisivo orientamento para Deus, por Cristo no Espírito Santo, para viver na Igreja a proposta radical da Boa Nova e, em particular, o mandamento do amor".[7]

Ao longo dos séculos, a dimensão mariana da espiritualidade cristã se manifestou de diversas formas, com destaque para:

– a *imitação*, que leva os fiéis a conhecerem profundamente a figura e a missão de Maria, assimilando suas virtudes evangélicas, para crescerem incessantemente no caminho da santidade. Já Orígenes († 253) propunha a figura de Maria para as virgens consagradas, pois ela é modelo da virgindade cristã;

– o *serviço*, que motiva o fiel ao dom de si a Maria, para servir mais perfeitamente ao Senhor e ao próximo, e se beneficiar da proteção materna na hora do perigo. São Bernardo († 1153) exprimia seus sentimentos em relação a Maria apresentando-se como um "indigno servo da gloriosa e misericordiosa Senhora";

– a *consagração*, que teve três destacados incentivadores: São João Damasceno († 749), que motivava o dom total do fiel (mente, alma, corpo e todo o ser) à Mãe de Deus, com uma constante lembrança dela; São Luís Maria Grignion de Montfort († 1716), que deu à consagração mariana um orientação marcadamente cristológica e batismal ("A consagração a Jesus Cristo, Sabedoria incarnada, pelas mãos de Maria"); e o Papa São João Paulo II, que usou poucas vezes o termo "consagração", preferindo a expressão "ato de entrega" (em italiano: *atto di affidamento*).

É importante evitarmos expressões que podem ter sido significativas em outros tempos e culturas, mas que não condizem com a cultura atual, pois são dificilmente aceitáveis e pouco condizentes com a dignidade humana. Tais expressões acabam gerando críticas e reações contra a espiritualidade mariana. É o caso, por exemplo, dos termos "escravidão" e "escravo", usados para indicar uma doação radical do fiel a Maria; ou a palavra "coisa", que se refere, em determinados contextos, a homens e mulheres que se tornaram "escravos" de Maria. Vale a observação de Jesus: "Já não vos chamo servos... mas amigos" (Jo 15,15).

Ainda quanto à questão de linguagem, é preciso estar atento para não se atribuir à ação de Maria efeitos da graça que são próprios do Espírito Santo. É o caso, por exemplo, da progressiva transformação do fiel em Cristo. Quando Maria age, o faz em sinergia com o Espírito Santo. Esses exageros de linguagem, que prejudicam a própria Mariologia, e o nosso relacionamento com os que não partilham da mesma fé, podem e devem ser evitados.

A espiritualidade mariana tira da Sagrada Escritura seu conteúdo, termos e símbolos, e muito deve às reflexões dos Santos Padres. Sendo assim, devemos lhes ser gratos, pois eles nos precederam na fé, defenderam-a até com o derramamento do próprio sangue e abriram para nós os imensos horizontes da espiritualidade cristã.

REFERÊNCIAS

[1] Para uma visão da Mariologia na Tradição Cristã – isto é, além do período dos Santos Padres: Cf. KRIEGER, M. *Com Maria, a Mãe de Jesus*. Aparecida: Editora Santuário, 2017: Capítulo V: "Dois mil anos de história: um longo caminho para conhecer Maria", p. 39-53; Capítulo VI: "Eu Creio – I": Do Concílio de Éfeso ao Credo do Povo de Deus, p. 55-63; Capítulo VII: "Eu Creio – II": Os Dogmas: p. 65-79.

[2] JOÃO PAULO II, Carta apostólica *Patres Ecclesiae*, 02/01/1980.

[3] JOÃO PAULO II, Carta apostólica *Patres Ecclesiae*.

[4] Outros Padres da Igreja dessa fase que poderiam ser lembrados por suas reflexões sobre o papel de Maria na História da Salvação: Clemente de Alexandria († 215), Tertuliano († 240), Orígenes († 253) e Hipólito de Roma († 335).

[5] Outros Padres da Igreja do Oriente dessa fase áurea, que deixaram profundas reflexões sobre Maria: Eusébio de Cesaréia († 340), Atanásio († 373), Efrém, o Sírio († 373), Cirilo de Jerusalém († 387), Gregório de Nissa († 394), Epifânio de Salamina († 403) e João Crisóstomo († 407).

[6] Outros Padres da Igreja do Ocidente, dessa fase áurea, que deixaram profundas reflexões sobre Maria: Mário Vitorino († 363), Hilário de Poitiers († 367), Zenão de Verona († 372), Pedro Crisólogo de Ravena († 450) e Leão Magno († 461).

[7] CONGREGAÇÃO PARA A EDUCAÇÃO CATÓLICA. Carta sobre *A Virgem Maria na formação intelectual e espiritual*, 25/03/1988, nº 36.

INDICAÇÕES BIBLIOGRÁFICAS

AMATO, A. *Maria la Theotokos*. Città del Vaticano, Libreria Editrice Vaticana, 2011.

CONGREGAÇÃO PARA A EDUCAÇÃO CATÓLICA. Carta sobre *A Virgem Maria na formação intelectual e espiritual,* 1988. In: <http://www.vatican.va/roman_curia/congregations/ccatheduc/documents/rc_con_ccatheduc_doc_19880325_vergine-maria_po.html> Acesso em 11/04/2019.

JOÃO PAULO II. Carta Apostólica *Patres Ecclesiae*, 1980.

KRIEGER, M. *Com Maria, a Mãe de Jesus*. Aparecida, Editora Santuário, 2017.

PONTIFICIA ACADEMIA MARIANA INERNATIONALIS. *La Madre del Signore*. Città del Vaticano, 2000. In : https://docs.wixstatic.com/ugd/33e389_f3811e1a07ef45329437b3a1fe215434.pdf Acesso em 11/04/2019.

STAGLIANO, A. *Maria di Nazaret da Conoscere e Amare*. Città del Vaticano: Libreria Editrice Vaticana, 2016.

TONIOLO, E. "Padres da Igreja", in: *Dicionário de Mariologia*. p. 1003-1031. São Paulo, Paulus, 1995.

4
MARIA: MODELO DO LEIGO DISCÍPULO MISSIONÁRIO
Leitura teológica do documento 105 da CNBB

Cesar Kuzma[1]
Teólogo leigo e Pesquisador da PUC Rio

1. Leigos e leigas como sujeitos eclesiais

> Para compreendermos em toda a sua grandeza e dignidade a natureza e missão dos cristãos leigos e leigas, podemos dirigir o nosso olhar para Maria. Nela encontramos a máxima realização da existência cristã. Por sua fé e obediência à vontade de Deus e por sua constante meditação e prática da Palavra, ela é a discípula mais perfeita do Senhor. Mulher livre, forte e discípula de Jesus, Maria foi verdadeiro sujeito na comunidade cristã.[2]

O Ano do Laicato no Brasil[3] trouxe a expectativa de um novo ardor, de um novo tempo para esta vocação e missão. Talvez, até mesmo, um novo espaço, em busca de um novo modo de agir e de se expressar na fé, diante das urgências e abrangências dos dramas e tramas da sociedade; algo próprio do leigo, de sua vocação e missão (cf. LG 31b). Trata-se de uma tarefa importante e que deve ser construída.

Realizar um Congresso Mariológico (2018) no ambiente do Santuário de Aparecida e buscar na pessoa de Maria uma inspiração para o modelo de ser leigo e cristão hoje, como discípulo missionário, têm em si um grande significado. Como sabemos, de modo cultural e, também, religioso, todos nós aprendemos a olhar Maria com certa afeição e amor, um modo singelo e doce que vai se construindo e vai se alimentando de muitas formas. Às vezes, Maria é vista como aquela que está acima, que é maior, é vista como aquela que nos guarda e protege e que merece todo o nosso respeito e admiração por tudo aquilo que fez e realizou (e pela fé – de modo devocional – ainda segue a realizar). Trata-se do primeiro olhar, que nos faz dizer: "tudo é belo em Maria"[4]. De nenhum modo isso é errado, apenas não podemos nos esquecer de algo anterior a essa devoção e que, por sua vez, dá razão e sentido ao que expressamos na fé: que Maria foi humana como nós, que ela foi uma pessoa de seu tempo, que foi mãe, esposa e mulher. A maneira como ela viveu sua vida e como se abriu ao mistério que nela e por ela se revelou serve de inspiração para toda a Igreja, e esta é uma questão já assumida por toda a tradição cristã e firmada no capítulo VIII da *Lumen gentium*, do Vaticano II[5]. É como afirma Afonso Murad em seu livro: Maria, toda de Deus e Maria, tão humana[6]. Conforme diz a citação do Documento 105, que acima mencionamos, Maria, de forma livre e com coragem, entregou-se à vontade de Deus, disse seu sim. No entanto, nela, o sim (como palavra dita) também se encarna em sua história e ela vive o sim de modo próprio, doando-se inteiramente à causa de Deus em todos os limites da existência humana; e ela o faz com coragem e liberdade, sem amarras, pois está cheia de Deus, cheia do Espírito, e em seu ventre o Filho [de Deus] cresce, sendo gestado para a vida que se fará entrega e doação para todos.

Celebrar um Ano para o Laicato quer dizer que os leigos devem assumir seu tempo na Igreja, seu espaço e sua missão no mundo, com coragem e liberdade, ao modo de

4. Maria: modelo do leigo discípulo missionário

Maria. É o tempo dos leigos, a hora do laicato! O Papa Francisco nos pede uma Igreja *em saída* (cf. EG n. 24) e insiste, para isso, em uma Igreja *em reforma*[7], em transformação; porém, para tanto, sabemos que nenhuma reforma eclesial irá adiante sem a ação e sem contar com a participação dos leigos, que estão e sempre vão estar em maior número no corpo eclesial. Depois do Vaticano II, muito se falou sobre "a hora dos leigos" (Y. Congar e tantos outros). Também o documento de Aparecida (2007) chamou esta atenção, compreendendo que o futuro da Igreja passa obrigatoriamente pela vocação e missão dos leigos, leigos e leigas, melhor dizendo, homens e mulheres de nosso tempo. Contudo, em uma carta enviada ao Cardeal Marc Ouellet (2016)[8], o Papa Francisco chamou a atenção de que esta hora está "tardando a chegar", e na *Evangelii gaudium* (EG) acusou a passividade de muitos leigos (cf. EG n. 102). Esta passividade, para ele, tem muitas causas, como o próprio leigo (sim, é verdade em muitos casos), mas também as estruturas eclesiais, e com muita força o clericalismo, que ele acusa de algo grave. Uma doença. Certamente que o Papa Francisco valoriza as boas ações desempenhadas por leigos e leigas, muitas delas sem qualquer apoio institucional, mas também acusa os poucos espaços de formação, de atuação e interação desta vocação, que impedem o discernimento e o crescimento pastoral. Se pegarmos os pronunciamentos e documentos do Pontificado de Francisco, ao falar dos leigos (ou em torno a eles), ele insiste na autonomia que lhes cabe, no exercício da consciência e da responsabilidade, na busca de uma maturidade e na comunhão desejada, que é frutífera para toda a Igreja. Também aí Maria serve de inspiração, pois ela não cede espaço para a estrutura, já que ela sai às pressas[9] (cf. Lc 1,39) para servir e é livre de toda as amarras institucionais e/ou religiosas, até mesmo culturais.

Podemos perceber que Maria não é dependente de outro e não pede permissão, ela medita, ela reflete, ela questiona, ela diz e faz. Não há passividade em Maria, mas prontidão e serviço. Como também não há agressividade em Maria, mas silêncio e postura, presença e resistência, seguimento e coragem. Dizemos ainda que não há quietude em Maria, mas inquietude, até mesmo para dizer, na hora e no momento em que se deve falar. E são palavras certas, são palavras proféticas! Isto quer dizer, o sim vocacional – o de Maria e o nosso – tem implicações práticas, exigências, desprendimentos, fortalece um novo modo de ser[10]. Foi assim com Maria e é assim (ou deveria ser) com todos os leigos e leigas, com todos os cristãos.

Seguindo com nossa reflexão, dizemos que as situações que vivemos hoje na sociedade e o celebrar do Ano do Laicato nos trazem alguns questionamentos e nos obrigam a uma revisão de nossas posturas e em nosso modo de agir e, também, de se manifestar enquanto Igreja. O Ano do Laicato não surgiu apenas com a intenção de revigorar e despertar a fé dos fiéis leigos, homens e mulheres de boa vontade e que são a maioria no corpo eclesial, para que se tornem membros mais ativos e participativos em questões de Igreja. Se fosse para este fim, não haveria a necessidade de um Ano celebrativo, nem mesmo de um documento sobre esta vocação, o Documento n. 105, da CNBB (*Cristãos Leigos e Leigas na Igreja e na Sociedade*). É mais do que isso. O que se espera de um Ano do Laicato é um despertar para a maturidade e para a autonomia desta vocação (cf. Doc. 105, n. 126), para que se possa assumir o que lhe é de direito, num jeito próprio de ser e de fazer Igreja (cf. DAp n. 213), com liberdade e coerência, e que venha a levar a cabo uma agenda inacabada (ou interrompida) do Vaticano II[11], que viu na força dos leigos uma esperança para a Igreja e para o que se espera dela no mundo. Diz o Vaticano II, na

Lumen gentium: "Os leigos comportam-se como filhos da promessa quando, fortes na fé e na esperança, resgatam o momento presente e aspiram com paciência pela glória futura. Não escondem a esperança no coração, mas a manifestam cotidianamente" (LG n. 35). Eis mais um ponto que nos aproxima de Maria, pois ela era filha da promessa, e nela esta promessa teve seu cumprimento, abrindo espaço e horizonte para outra promessa, de uma ação de Deus que nos convida à sua presença e que se faz sempre nova. Maria, como aquela que meditava todas essas experiências em seu coração (cf. Lc 2,51), não guardou tudo isso para si, mas manifestou a outros, fez transcender, ofereceu o mistério a todos!

Mas, tendo ela como inspiração, como modelo de discípulo missionário, de que forma podemos agir [?], já que a referência do documento que estamos seguindo nos diz que ela foi uma mulher livre, forte, discípula e que ela foi verdadeiro sujeito na comunidade cristã [?].

O capítulo III do documento 105 nos oferece pistas nesta questão e pode ser uma ajuda de discernimento. Ele trata da ação da Igreja e, de modo específico, toca numa ação que compete aos leigos, numa perspectiva missionária e organizada. Tem por base o Vaticano II que diz que toda a Igreja é missionária, e não é apenas em parte, mas na totalidade. Valoriza muito a comunidade e a maneira como ela age no profetismo, um sinal para os novos tempos. Foca muito no testemunho individual e no compromisso cristão no vasto espaço do trabalho, na família, na política, nos dramas humanos e sociais etc. Logo, pensar uma ação transformadora, hoje, é ter a coragem de olhar o mundo e entendê-lo como espaço de missão. Não que ele deva ser conquistado para fé, isso não [!], mas sim pelo fato de que ele *pede* uma ação de nossa parte e anseia para a transformação. É um espaço de esperança, uma esperança que age e que se faz responsável.

Uma ação transformadora é também uma ação em conjunto que visa o destino escatológico a que somos chamados, bem como o nosso compromisso diante de uma fé que nos envolve e de uma esperança que nos fortalece. Aí também Maria nos inspira, pois ela não ficou *a parte* da primeira comunidade e do grupo que seguia Jesus, ela não quis ser maior ou ser mais importante, ela simplesmente estava [com eles], quis ser com eles, era uma com eles, com todos. E, com todos, alimentava a sua esperança numa promessa-cumprida (cf. Lc 1,46-49) e que abria expectativa para algo ainda novo, uma promessa-nova (cf. Lc 1,55).

Assim, pensar num modo de os leigos serem mais atuantes é articular um projeto de missão que tenha o Reino de Deus como horizonte último, como uma antecipação que nos chama e nos convida a fazer algo, a construir relações e ir ao encontro do outro e a todas as periferias existenciais e sociais (cf. EG n. 20)[12]. Somos chamados a um serviço, e o mundo hoje é exigente para os cristãos, como também o foi para Jesus, Maria e para a primeira comunidade, naquele tempo. Por isso é importante reforçar a dimensão pública da fé, o trabalho construído no dia a dia, no esforço em decidir fazer algo que vise a construção de uma nova sociedade, de novos espaços em que se reinem a paz e a justiça. Este é o campo específico dos leigos. Uma nova sociedade também se faz com uma nova concepção política, com um novo direcionamento na educação, com uma nova percepção dos dramas familiares, com um olhar atento aos jovens e a todos aqueles e aquelas que são vítimas da sociedade, que são excluídos e que se tornam "sobrantes" neste sistema econômico que explora e mata.

Em seu tempo, Maria poderia ser vista como uma mulher "sobrante", uma mulher da periferia, sem razão ou direito, uma mulher pobre. E era. Como bem canta a Missa dos Quilombos, ao fazer a *Louvação a Mariama*, seja ela a

Maria do rosário ou a Maria do calvário, a Maria [de Jesus] reúne muitas Marias, de muitas dores e de muitos olhares, de muitos jeitos e de todas as "raças", as muitas mães, de todas as terras e as muitas Marias, mães sem terra, sem vida, sem ar; mas esta é a Maria, a mãe do meu senhor! Maria da vida, dos negros, Maria negra Aparecida!...

> Mariama,
> Iya, Iya, ô,
> Mãe do Bom Senhor!
>
> Maria Mulata,
> Maria daquela
> colônia favela
> que foi Nazaré.
>
> Morena formosa,
> Mater dolorosa,
> Sinhá vitoriosa,
> Rosário dos pretos mistérios da Fé.
>
> Mãe do Santo, Santa,
> Comadre de tantas,
> liberta mulhé.
>
> Pobre do Presépio, Forte do Calvário,
> Saravá da Páscoa de Ressurreição,
> Roseira e corrente do nosso Rosário,
> Fiel Companheira da Libertação.
>
> Por teu Ventre Livre, que é o verdadeiro,
> pois nos gera livres no Libertador,
> acalanta o Povo que está em cativeiro,
> Mucama Senhora e Mãe do Senhor.

Canta sobre o Morro tua Profecia,
que derruba os ricos e os grandes, Maria.

Ergue os submetidos, marca os renegados,
samba na alegria dos pés congregados.

Encoraja os gritos, acende os olhares,
ajunta os escravos em novos Palmares.

Desce novamente às redes da vida
do teu Povo Negro, Negra Aparecida![13]

Olhar para Maria, é fazer com ela a opção pelos pobres e ter nela a companheira da libertação. Estas exigências reclamam uma presença mais atuante de leigos e leigas, e é um trabalho que está na pauta do Documento 105, e de todos nós! É necessário, pois, com Maria, *sair às pressas*, pois existem causas que não se pode esperar.

Então, poderemos nos perguntar: qual é a dignidade e a natureza e missão dos cristãos leigos e leigas? Poderia ser Maria uma resposta? Um modelo? Se olharmos para Maria, o que é que nós vemos? Diretamente falando, vemos uma *mulher-leiga*, queremos dizer, uma mulher que era sujeito em seu tempo, em sua história, que vivia situações e realidades concretas e que no interior de sua vida e de sua casa fez a experiência de Deus. É importante dizer que ela não faz a experiência no Templo ou em algum espaço religioso e sagrado, e também não faz a experiência pela mediação de um sacerdote ou por outro [homem], ela faz a experiência na sua casa, na sua intimidade, na sua vida, na sua feminilidade, no seu ser menina e mulher, na sua pessoa. Ela não busca fundamentar o evento em respostas prontas e marcadas pela Tradição, mas ela *questiona* a partir de sua vivência, dentro do pouco ou muito que conhece. Ela interpela e se deixa interpelar, ela se abre à graça e faz ecoar o seu sim numa atitude kenótica de serviço, esvazia-se de si e permite que Deus atue. O Espírito que a envolve na sua sombra é aquele que a fortalece e com ele, e por ele, ela sai em missão, sobe, às pressas, [a casa de Isabel] para servir e não se esconde dos graves entraves que a gravidez lhe trará. Abandona-se em Deus e faz na sua vida essa vontade maior. Maria é um sim encarnado em um sangue que pulsa e alimenta aquele que por amor se encarnou e que por seu sangue nos libertou. Por isso, confirma o que se diz no Documento 105, que ela é a máxima realização da experiência cristã! (cf. n. 113).

2. Questões teológicas sobre o tema de Maria – uma aproximação eclesiológica para com os leigos e leigas

> Maria cooperou com o nascimento da Igreja missionária, imprimindo-lhe um selo mariano e maternal, que identifica profundamente a Igreja de Cristo (Doc. 105, n. 114).

A reflexão teológica sobre Maria nos apresenta caminhos diversos que podem ser seguidos e levados em consideração por todos aqueles e aquelas que decidem se aventurar e se deixar envolver pela riqueza e pela profundidade que o tema carrega em si mesmo. Arriscamos dizer que, depois de Jesus, Maria é o tema que mais chama a atenção em âmbito popular, sendo que, em alguns lugares, a identificação que se tem para com a sua pessoa ultrapassa a atração que se tem pelo próprio Jesus, pois ela demonstra ser (ou parece se perceber) como alguém mais próximo à realidade e mais sensível às condições que as pessoas se encontram, o que exige de todos nós um certo apontamento e aprofundamento da questão. É como se Maria realizasse de modo aberto e livre a inculturação que o Evangelho é chamado a fazer e que ele propõe, provocando a Igreja para fazer o mesmo, assumindo cada realidade, cada tempo, cada espaço e cada esperança. Maria é tida, compreendida e "sentida" como "alguém do povo", "alguém igual", "a mãe", "nossa mãe", "a santinha", e por aí vai... Por certo, isso vem de uma afetividade que se constrói e que marca a nossa dimensão cultural e religiosa, o jeito de ser do povo e o modo de viver na fé. "Maria do povo meu", canta o Pe. Zezinho, scj. O fato é, que no fundo, somos todos marianos, esta é uma verdade!

Todavia, também, esta dedução provém de certo desequilíbrio cristológico (chamemos assim), isto é, uma imagem distorcida e não tão verdadeira (ou não correta) de Jesus e que foi se construindo ao longo dos anos e que, de uma forma ou de outra, numa linguagem antiga ou nova, vai se fazendo presente até os dias de hoje, ao enfatizar demasiadamente o lado divino de Jesus em detrimento de sua natureza humana, o que causa um afastamento e um empobrecimento da própria fé, uma vez que Jesus se transforma apenas em objeto de culto e de reverência (quase que um Cristo sem carne e um Cristo sem cruz, o que não gera compaixão nem compromisso), e Maria vem como aquela que intercede e que se aproxima do povo em suas aflições, aproximando-o do próprio filho, Jesus, e do Pai, ocupando ela mesma o lugar da mediação, como se ela tivesse esta dualidade divina e humana.

Sem entrar aqui num debate mais teológico sobre estas duas problemáticas (cristológica e mariológica), a razão pela qual colocamos esta questão é que um Cristo entendido como alguém extremamente divino [e não tão humano] não gera seguimento de nossa parte, impedindo-nos de agir e construir o Reino a que somos convocados, chamados, como Igreja (*Ekklesía*). Do mesmo modo, uma Maria entendida nesta dualidade divina e humana pode facilmente transformar-se numa divindade e ser reduzida a um objeto de culto simplesmente, deixando de ser vista como parte integrante da Igreja, como aquela que caminha com o povo e pelo povo e com ele faz opções, que estão inteiramente ligadas às opções do Reino. Não se quer com isso diminuir Maria, muito pelo contrário, mas valorizar e reacender na fé aquilo que ela é; pois os "privilégios marianos" decorrem da pessoa de Cristo e da íntima ligação dele com ela, uma vez que ela se percebe "cheia" da graça, porque nela se cumpre a promessa de um povo[14]; Deus olha para a humilhação de sua serva e nela o tempo da história se faz tempo escatológico. É o que se quer dizer acima, quando se diz que o jeito maternal que Maria imprime à Igreja tem profunda ligação com Cristo, afinal, decorre desta relação, que além de ser uma relação de mãe e filho, é algo que se desprende da fé daquela que acolheu, que discerniu, que se abriu e que seguiu o Filho até o fim[15]. Clodovis Boff trabalha esta questão em seu livro *Mariologia social* ao dizer que os temas que se desenvolvem a partir de Maria (e com ela) devem ser antes articulados pela relação de Maria com a Igreja. E ele diz que ela se torna Igreja na relação com a humanidade, com a sociedade e com os pobres[16]. E o fundamento disso está na relação de Maria com Cristo. Cristo é imagem da Igreja como graça oferecida, já Maria, é imagem da Igreja como graça recebida[17]; e que somente nesta relação é que ela, a mãe de Jesus, pode emergir como condutora do povo[18], ou para nós aqui, como modelo de discípulo(a) missionário(a). Em outras palavras, Maria se torna modelo para nós na medida em que se realiza a sua união com Cristo. É para ele que ela olha primeiro, pois é o chamado de todo o humano, a vocação da nossa existência; o seu olhar para nós (o seu materno olhar) é algo segundo, como de alguém que nos abraça e nos conduz aos braços do Filho, pois ele é o sentido de tudo.

Mesmo assim, com estes breves traços teológicos que expusemos acima, de modo diferente de Jesus, Maria traz elementos que são só seus e que garantem e seduzem o povo na fé (e aqui trazemos o verbo seduzir num sentido positivo, de encanto, de amor, de atração). No entanto, é importante fazer conhecer as propostas e perspectivas de cada caminho ou direção que se vai seguir, pois a escolha por um ou outro vai incidir diretamente na abrangência teológica em que se fundamenta a reflexão, bem como na pastoral correspondente que se pretende buscar e apresentar. Falamos aqui do caminho/ou caminhos, porque ele pode vir *"do alto"*, o que reflete uma mariologia bonita e forte, tradicional, mas que também pode aparecer como algo muito distante da realidade em que vivemos e até mesmo desarticulada da Igreja e a sociedade. Mas ela também pode vir *"de baixo"*, de onde estamos, da realidade e do grito do povo, sobretudo dos pobres, o que vai enaltecer os elementos teológicos de Maria a partir de entendimentos mais próximos da caminhada da Igreja e dos desafios sociais, pois ela vem e aparece/ou é referenciada como "mãe", "discípula e missionária", "Maria dos pobres" (que é uma referência à Igreja dos pobres) e a "Maria da Libertação", muito enfatizada na América Latina, sobretudo a partir de Puebla (1979).

Ressaltamos, porém, que assim como Jesus, Maria não pode ser resumida em objeto de culto ou em uma sequência de orações de um rosário, ou como um quadro ou gravura, mas sim, ela deve aparecer como "a Mulher" (algo próprio dos escritos Joaninos), que acolhe a graça de Deus e a partir de sua vida, de seu sim, de sua disposição ao serviço, ela acolhe e nos oferece o Mistério, onde Deus se faz presente e nos oferece a salvação. É o que diz o Documento de Puebla, de 1979:

Deus se fez carne por meio de Maria, começou a fazer parte de um povo, constituiu o centro da história. Ela é o ponto de união entre o céu e a terra. Sem Maria desencarna-se o Evangelho, desfigura-se e transforma-se em ideologia, em racionalismo espiritualista (DP n. 301).

Lina Boff desenvolve a sua reflexão tendo Maria na história da salvação, que é a proposta que vem do Vaticano II, recuperada por ele em magnitude. Ela [a Lina] diz que a caminhada de Maria junto ao seu povo e aos povos de todos os tempos "resulta de sua íntima inserção com Cristo, na ordem da fé e na ordem de sua profunda relação amorosa e livre com o Espírito que funda a Igreja"[19]. Vemos que esta sua fala se soma ao argumento de seu irmão, Clodovis Boff, que utilizamos acima. No fundo, o que queremos trazer e questionar é: que modelo de Maria, que mariologia é capaz de gerar seguimento, de conduzir a Cristo e unir a caminhada da Igreja? Esta é a questão.

Não podemos ignorar o fato de que "Maria" é um tema que atrai, ele é envolvente, cativante, oferece a todos e em qualquer lugar um som confortante e seguro, é um nome cheio de afeto, ternura e amor. Como diz um poema de Mário Quintana: "Há três coisas neste mundo cujo gosto não sacia... É o gosto do pão, da água e o do nome de Maria"[20].

De modo similar, Clodovis Boff reproduz uma reflexão do teólogo R. Garrigou-Lagrange, que diz: tudo é belo em Maria. Logo, é belo demais para ser verdadeiro. No entanto, é belo porque é verdadeiro[21]. Isso quer dizer que a reflexão teológica que se quer apurar sobre Maria não pode prescindir da piedade e da fé popular, pois o sentimento comum que leva muitos a Maria é uma ação do Espírito carregada de verdade. Não se trata de uma piedade vazia ou de um exagero religioso, como fanatismo ou fantasia, mas de uma verdade que se faz sentir na pureza da vida e nas relações humanas que tecemos junto à própria fé, que ao nos conduzir a Maria nos leva ao mistério de Deus, e no mistério de Deus encontramos o Cristo, que é o fundamento de tudo. Ora, se queremos ver em Maria um modelo de discípulo missionário que pode ser seguido, estes são pontos que não podem ser ignorados. Ela não atrai porque é simplesmente um objeto de culto, mas atrai porque é sujeito, companheira de caminhada, solidária de lutas, de encantos e sofrimentos, acalentadora de esperança. Ela é da Igreja, é de Deus, é nossa.

Contemplar Maria, teologicamente, coloca-nos diante de duas verdades fundamentais: 1) *Deus se fez humano* e o fez por meio de uma mulher (cf. Gl 4,4), de Maria, logo, ela está envolvida no mistério e na história da salvação – e é onde se fundamenta a verdade teológica e as questões sobre Maria. Ela tem a ver com Jesus. 2) *Façam tudo o que ele disser*: temos aqui a Maria que nos aponta para o Cristo, que nos mostra o caminho, induz ao seguimento.

Perguntas:

1. Como compreender o *lugar* e a *missão* dos leigos na Igreja, tendo Maria como modelo? Em que base teológica nós podemos nos firmar?

2. Como crescer e se deixar envolver em amor com a Mãe de Jesus? O amor e/ou a piedade para com Maria não se encerram nela, sem tirar a sua importância e significado, mas nos apontam o Cristo e o mistério, isto é, a espiritualidade mariana é uma medida do ser cristão e do caminhar da Igreja – conduz a Cristo! O discípulo missionário, o cristão-leigo como sujeito não pode se esquivar disso.

3. Como imitá-la em exemplo de vida, de fé e de amor? Entra aqui a questão moral e ética a partir do comportamento, da atitude e da prática de Maria, de suas palavras e de suas atitudes – o que as atitudes de Maria têm a dizer ao mundo de hoje, à nossa fé e à caminhada da Igreja? Mas também o aspecto pastoral, daquilo que comunicamos a partir dela e do gerar seguimento e construção do Reino.

4. Teologicamente, o que Maria (e o mistério que nela se envolve e se desenvolve) tem a nos dizer hoje? – É provável que aqui está o maior desafio e é onde se encontram a importância, relevância e pertinência do tema. Mas, também, é onde o caminho é mais difícil. Mesmo liturgicamente, o culto mariano pode dizer mais do que está dizendo, mais do que está falando. Os discursos de Francisco diante de Aparecida, Guadalupe e Fátima nos oferecem outro tom e linguagem. Numa expressão que Francisco usou aos bispos do CELAM, é quando o Papa se refere a Aparecida. Refletindo com Francisco, ousamos dizer que para perceber a riqueza do discurso de Maria para nós hoje, teológica e pastoralmente falando, faz-se necessário descer ao chão da história, sair às periferias (Papa Francisco), é preciso se fazer *lama e barro* como Maria se fez, e este foi o modo como foi encontrada. A virgem de Aparecida, que a todos reúne em seu Santuário, não foi e não é contemplada por estar brilhando num céu abstrato, mas por se fazer perceber e "se achar"[22] na pequenez e na pobreza do povo, ao modo de Jesus.

3. A reflexão teológica de Maria e as implicações ético-morais e sociais de hoje – atualizando o seu Magnificat

> A reflexão sobre o perfil mariano da Igreja abre muitos horizontes e oferece luzes para maior e melhor compreensão do ser e da missão dos leigos e leigas no seio do povo de Deus. Em Maria, mulher leiga, santa, Mãe de Deus, os fiéis leigos e leigas encontram razões teológicas para a compreensão de sua identidade e dignidade no povo de Deus (Doc. 105, n. 115).

Partindo da Palavra de Deus, dos relatos da anunciação, em que Maria nos envolve no Mistério da salvação e nos confronta com a realidade, temos em Maria a imagem de uma mulher/menina, uma jovem pobre e indefesa de seu tempo, uma jovem pobre e indefesa que se encontra às margens da sociedade, sem qualquer expectativa de vida para além do que conhecia, vulnerável em sua pobreza e em sua feminilidade, sem direitos e com futuro incerto, provavelmente destinada a outro (homem e outra família).

Esta é a primeira imagem de Maria que nós encontramos nos Evangelhos e esta imagem, seguramente, não é muito diferente da realidade em que viviam muitas outras jovens contemporâneas do seu tempo, e ainda, por dizer, não é muito diferente da realidade em que vivem muitas jovens de hoje, meninas, algumas ainda crianças, mulheres que se veem às margens da sociedade, presas em suas casas, vulneráveis e destinadas ao silêncio, à violência, à humilhação e à invisibilidade social. Escravas de pais, de maridos e de filhos, e também de outros e outras, ausentes de suas casas para se tornarem, muitas vezes, mãe de outros filhos, e por aí vai...

Seguindo a reflexão, a tradição cristã nos diz em Lucas que Deus *"olhou"* para a humilhação de Maria (cf. Lc 1,48), para o seu sofrimento, e viu nela a causa de um Povo (o povo hebreu), um povo também sofrido e humilhado, dominado pelo estrangeiro e limitado no seu existir, reprimido nos seus direitos, explorado, espoliado, perseguido e morto. Deus *olha* para ela e *desce* até ela, olhando para ela e descendo até ela, ele olha para todo o povo e desce para todo o povo. Há uma mudança, uma atitude, a qual a teologia chama de *kénosis* (esvaziamento), pois Deus se compadece, sente a dor e o sofrimento e vem libertar. O Deus que nos toca também se deixa tocar pela nossa dor, é compassivo; ele se dirige a Maria, e nela dirigindo-se ao povo, desce a fim de libertá-la, e ele a *envolve* na sua graça – *Alegra-te,* cheia de graça! Atenção: ele olha, ele desce e ele a envolve na sua graça, chamando ela a uma esperança nova, uma alegria, uma libertação de todo o mal e sofri-

4. Maria: modelo do leigo discípulo missionário

mento. Observem que ele não a violenta com o seu poder, ele não a humilha e não a maltrata – importante! Maria diz "sim" a Deus na sua liberdade, ela o acolhe na sua intenção e na sua posição. Ela não se torna objeto de Deus, mas *sujeito* da história, uma ligação entre Deus e suas promessas, que nela estão para se realizar: Deus ama tanto o mundo que vem ao mundo, num ato extremo de amor. Deus age no amor e acolhe o sim de Maria como um sim para a vida e para a libertação, não apenas dela, pois nenhuma promessa é individual, mas para todo o povo, e que se estende à humanidade, à criação (e aí está o avançar dos estudos da teologia hoje).

É onde a figura de Maria, vulnerável pela sua historicidade ganha força, fazendo-a proclamar o seu Magnificat, o seu cântico, construído pelo evangelista Lucas como confirmação do cântico de Ana e condensando em Maria as promessas de Deus no AT, dizendo: que Deus *olhou* para a sua humilhação, para ela e para o seu povo, e que o Senhor *fez* nela (e a partir dela a todos) maravilhas, e que então os poderosos serão destronados, os ricos serão despedidos de mãos vazias e os pobres serão exaltados e saciarão a sua fome. É a Maria revolucionária, muito bem sublinhada pelo dito de Maria em seu cântico, que condensa em si toda a esperança de um povo, de muitas mulheres do Antigo Testamento e da história (também de hoje), em uma única mulher, a Mulher (e aqui, nesta expressão, numa ótica joanina). Mas não por ela, mas por aquele que ela está para gerar, o Cristo, Jesus.

Esta ação de Deus para com Maria que nos é apresentada para a fé cristã em Lucas diz muito para o nosso tempo hoje, um tempo que apesar de todos os avanços ainda vê e sofre a violência doméstica, numa situação em que o abuso contra as mulheres ainda é uma constante. Atualizando esta passagem, dizemos que esta imagem mariana nos faz lembrar de muitas mulheres do nosso tempo, corajosas mulheres, que mesmo diante da violência, dos abusos e do pouco espaço que possuem levantam a voz e denunciam as injustiças e todas as formas de opressão, miséria, abandono e violência. São mulheres "cheias de graça", numa graça que faz pulsar vida, esperança e justiça! Há uma frase que diz: "Mulher bonita é mulher que luta!".

Outro ponto interessante que se pode pegar de seu Magnificat é que ele nos apresenta uma Maria que fala. O silêncio de Maria, que tantas vezes é evocado, não pode ser confundido com um calar, ou um se acomodar. Seu silêncio também é dizer, é estar e resistir. Seguramente isso tem implicações para o agir cristão, para o ser leigo, para o que se espera de um discípulo missionário.

Poderíamos atualizar este cântico de Maria (profético) em muitos cantos, mas como a intenção aqui é dialogar e aproximar de questões atuais para todos nós, despertando aspectos que nos favoreçam um seguimento, trago aqui o "canto da mulher latino-americana", escrito por Pe. Zezinho, scj:

> Descreve do jeito que bem entender
> Descreve seu moço
> Porém não te esqueças de acrescentar
> Que eu também sei amar
> Que eu também sei sonhar
> Que meu nome é mulher
> Descreve meus olhos
> Meu corpo, meu porte
> Me diz que sou forte, que sou como a flor
> Nos teus preconceitos de mil frases feitas
> Diz que sou perfeita e sou feita de amor
> Descreve a beleza da pele morena
> Me chama de loira, selvagem, serena
> Nos teus preconceitos de mil frases feitas
> Diz que sou perfeita e sou feita de mel

Descreve do jeito que bem entender
Descreve seu moço
Porém não te esqueças de acrescentar
Que eu também sei sonhar
Que eu também sei lutar
Que meu nome é mulher
Descreve a tristeza que tenho nos olhos
Comenta a malícia que tenho no andar
Nos teus preconceitos de mil frases feitas
Diz que sou perfeita na hora de amar
Descreve as angústias da fome e do medo
Descreve o segredo que eu guardo pra mim
Nos teus preconceitos de mil frases feitas
Diz que sou perfeita, qual puro jasmim
Descreve do jeito que bem entender
Descreve seu moço
Porém não te esqueças de acrescentar
Que eu também sei amar
Que eu também sei lutar
Que meu nome é mulher
Descreve também a tristeza que sinto
Confesso não e minto que choro de dor
Tristeza de ver humilhado meu homem
Meus filhos com fome, meu lar sem amor
Descreve, seu moço, a mulher descontente
De ser objeto do macho e senhor
Descreve este sonho que levo na mente
De ser companheira no amor e na dor
Descreve do jeito que bem entender
Descreve seu moço
Porém não te esqueças de acrescentar
Que eu também sei amar
Que eu também sei lutar
Que meu nome é mulher[23]

Esse canto profético, que reproduz a imagem de muitas mulheres de nosso tempo, nos faz agora olhar novamente para Maria e com ela, e nela, olhar para a realidade de muitas mulheres na Igreja, mulheres chamadas a ser discípulas missionárias, como sujeitos na Igreja, no mundo, assumindo uma responsabilidade que o encontro batismal com cristo nos oferece. No entanto, sabemos que na prática o olhar e a atenção dada às mulheres, que são a maioria na Igreja, carece de atenção e merece – urgentemente – mudar. Se falamos aqui de Maria, e de Maria-mulher; ou como diz a citação do Documento 105 que expusemos acima, mulher leiga, eis um dado e realidade que não podemos ignorar.

Queremos chamar a atenção aqui para algo que precisa mudar e, salvo algumas ações isoladas, as mulheres ainda sofrem muita discriminação, cerceamento, policiamento, diferença em direitos e até, como disse o Papa Francisco na Colômbia, servem de mão-de-obra barata para um clero dominante e machista[24]. Ressalto ainda a dificuldade e até, em alguns lugares, a proibição para os estudos teológicos e a falta de espaço para trabalhar e atuar na docência em institutos e faculdades teológicas, ou mesmo para assumir papel de liderança e de destaque em coordenações pastorais, mesmo elas sendo a maioria do corpo eclesial. Se ser leigo já é difícil, ser leiga, mulher, é ainda mais. Os preconceitos são grandes. As portas se fecham com mais força e frequência. Dizemos, com isso, que a falta de uma valorização da mulher na Igreja decorre também de uma falta de valorização da mulher na sociedade. Um fato. Por mais que tenhamos visto avanços nesta perspectiva, com direitos e até mesmo à emancipação da mulher, com conquista de espaços e também quanto a sua sexualidade, vivemos numa sociedade cada vez mais intolerante e preconceituosa, que insiste em padrões culturais ultrapassados e que submetem as mulheres a situações desonrosas. Em pleno século XXI e com todo o discurso em defesa dos Direitos Humanos, a violência doméstica contra a mulher ainda é um alarmante gravíssimo e nem sempre as nossas posturas eclesiais se acordam ou se manifestam quanto a isso. É necessária coragem para mudar esta postura e, honestamente, acho que a Igreja daria um passo muito importante e um grande recado à sociedade com a valorização da mulher e com a abertura de novos espaços. Isso é algo que deveria ser pensado seriamente. É preciso recuperar o feminino e valorizar o antropológico que nos garante na fé. Quero dizer: se uma mulher é capaz de gerar a vida em seu ser e em seu amor, e se uma mulher foi capaz de gerar o Filho de Deus e ofereceu este Filho a todos nós, num gesto sacerdotal de doação e consagração, o que impede hoje a mulher (as mulheres) de assumir dignamente e com liberdade as riquezas do seu chamado e de sua vocação, algo tão próprio e tão particular?... O olhar de Maria, tão caro a nós católicos, deveria nos mostrar este lado e este profetismo, que derruba os poderosos de seus tronos e exalta os humildes, pois Deus olha e se coloca ao lado de Maria, e com ela, ao lado de todas as mulheres (cf. Lc 1,47-55). Devemos mudar!

Como reflexão conclusiva e indicativa

Tendo como base o Documento 105 da CNBB e tudo aquilo que se projetou para que leigos e leigas assumam a condição de sujeitos na fé, e tendo também a figura de Maria como modelo deste discipulado e missionariedade, podemos traçar, ao modo de reflexão, alguns pontos conclusivos e indicativos:

1. Maria é modelo de discipulado e missionariedade pela sua postura livre e aberta para acolher o mistério que lhe é revelado. Deixa que a graça atue. E ela não faz isso

de forma passiva, mas ativa, ela questiona e interpela; ela supera o medo e assume todas as consequências de sua vocação.

2. Maria é modelo de discipulado e missionariedade pela sua atitude em servir. Ela sai às pressas, como aponta Lucas; a fé de Maria é vivida num compromisso que age, que se põe a caminhar e se faz solidário com quem está ao seu lado.

3. Maria é modelo de discipulado e missionariedade porque dá vida à palavra da promessa. Ela diz com seu canto e provoca mudanças e indica caminhos. O Reino chegou com Maria, Deus se faz presente. Ela se assume como "toda de Deus", vivendo e atuando "totalmente aos humanos", por isso é mãe e companheira, por isso é um ponto de proteção, é apoio de esperança num mundo marcado pela falta de esperança. Maria faz brotar a fé, diante das certezas e incertezas da vida.

4. Maria é modelo de discipulado e missionariedade porque aponta para o Cristo. Ela nos oferece o vinho novo. Ela não se faz referência, mas companheira de caminhada. Está atenta e em prontidão. Ela não é Igreja como mistério, mas se faz Igreja com o povo.

5. Maria é modelo de discipulado e missionariedade porque se faz resistência no silêncio, respeitando o tempo e a hora dos filhos. Ela pede, mas não impede.

6. Maria é modelo de discipulado e missionariedade porque se faz presença. Ela sempre está. Ela se faz presente na dor e no sofrimento, ela sente o abandono, ela sente as dores, ela enxuga as lágrimas, ela se faz sentir nas entranhas e nas dificuldades da vida. É companheira no sofrimento, colocando-se ao lado e sendo força de esperança, conduzindo-nos ao braço do Filho.

7. Maria é modelo de discipulado e missionariedade porque é testemunha da ressurreição e vive a esperança

do anúncio. Ela crê, ela espera. É tomada pelo Espírito Santo e vive a relação de fé no mundo, com o mundo e para o mundo; em Deus, com Deus e para Deus.

Que ela possa nos fazer fortes na fé e que nos adote em Cristo. Ela que fez o Cristo falar, ela que ensinou a Jesus caminhar, ela que só viveu para seu Deus, Maria do povo meu, leve-nos a seu Filho e nos faça discípulos e missionários seus.

REFERÊNCIAS

[1] Teólogo leigo, casado e pai de dois filhos. Doutor em Teologia e professor-pesquisador do Departamento de Teologia da PUC-Rio. Presidente da SOTER (para 2016-2019).

[2] CNBB. *Cristãos leigas e leigos na Igreja e na sociedade*. Documento 105, n. 113.

[3] O Ano do Laicato no Brasil (de novembro de 2017 a novembro de 2018) foi uma iniciativa da CNBB e do CNLB.

[4] BOFF, C. *Introdução à Mariologia*. Petrópolis/RJ: Vozes, 2004, p. 12.

[5] O capítulo VIII da *Lumen gentium* reafirma as questões mariológicas da Tradição cristã. Maria, que está presente na História da Salvação, destaca-se também como alguém presente na comunidade eclesial, desde o seu início. A mãe do Senhor também é discípula e como discípula se faz missionária junto ao seu povo, como Igreja.

[6] Cf. MURAD, A. *Maria: toda de Deus e tão humana*. Compêndio de Mariologia. São Paulo: Paulinas/Santuário, 2009.

[7] Cf. SPADARO, A.; GALLI, C. M. (Orgs.). *La riforma e le riforme nella Chiesa*. Brescia: Queriniana, 2016.

[8] Cf. FRANCISCO. Carta do Papa Francisco ao Cardeal Marc Ouellet, Presidente da Pontifícia Comissão para a América Latina. In: <https://w2.vatican.va/content/francesco/pt/letters/2016/documents/papa-francesco_20160319_pont-comm-america-latina.html>. Acesso em 02/08/2018.

[9] Cf. BOFF, Lina. *Como tudo começou com Maria de Nazaré*. Rio de Janeiro: Letra Capital, 2016, p. 67.

[10] Cf. PEDROSA-PÁDUA, L. O sim de Maria e o nosso sim. *Um olhar*. v. VI, 2017, p. 16-20.

[11] Cf. SCANNONE, J. C. *La teología del Pueblo: raíces teológicas del papa Francisco*. Santander: Sal terrae, 2017, p. 194-204. Cf. tb.: KUZMA, C. La eclesiología del Papa Francisco: el rescate de la agenda inacabada del Vaticano II y su recepción en la Evangelii Gaudium. *Medellín*, Bogotá, 2017, p. 333-346.

[12] Existem muitos comentários de Francisco a este respeito.

[13] Aqui fizemos um apanhado de algumas expressões que aparecem na Missa dos Quilombos, com destaque à *Louvação a Mariama*. A obra tem data de 1982. Autores e compositores: Milton Nascimento, Pedro Casaldáliga, Pedro Tierra.

[14] Cf. GEBARA, I. M.; BINGEMER, M. C. L. Maria. In: ELLACURIA, I.; SOBRINO, J. *Mysterium Liberationis:* conceptos fundamentales de la teología de la liberación, 1991, p. 612. Ressaltamos também aqui todo o desenvolvimento teológico do Magnificat de Maria, do modo como foi construído pelo evangelista Lucas, trazendo para o dizer de Maria a síntese de uma promessa que se cumpre: Deus vem libertar o seu povo.

[15] Cf. BOFF, Lina. *Como tudo começou...*, p. 60-63.

[16] Cf. BOFF, C. *Mariologia social*. O significado da Virgem para a sociedade. São Paulo: Paulus, 2006, p. 43.

[17] Cf. BOFF, C. *Mariologia social*, p. 46.

[18] Cf. BOFF, C. *Mariologia social*, p. 46-47.

[19] BOFF, Lina. *Mariologia*. Petrópolis/RJ: Vozes, 2007, p. 116.

[20] QUINTANA, M. *A cor do invisível*. Rio de Janeiro: Globo, 1989.

[21] Cf. BOFF, C. *Introdução à mariologia*. Petrópolis/RJ: Vozes, 2004, p. 12.

[22] Sublinhamos aqui a expressão "achar" em alusão ao evento de Aparecida. Por mais que o nome traga esta indicação, aparecida, não se trata de uma aparição, uma manifestação, como outras, ela foi "achada", pescada, encontrada; ela foi achada no chão da história de um povo, no meio de suas lutas e sofrimentos, por isso a identificação.

[23] ZEZINHO, P. [compositor]. Canto da Mulher Latino-Americana. In: *Oração pela Família*. Brasil. 1 CD (ca 40 min). Faixa 5 (3:16). Remasterizado em digital.

[24] FRANCISCO. In: <https://w2.vatican.va/content/francesco/pt/speeches/2017/september/documents/papa-francesco_20170907_viaggioapostolico-colombia-celam.html>. Acesso em 04/08/2018.

INDICAÇÕES BIBLIOGRÁFICAS

BOFF, C. *Introdução à Mariologia*. Petrópolis/RJ: Vozes, 2004.

BOFF, C. *Mariologia social*. O significado da Virgem para a sociedade. São Paulo: Paulus, 2006.

BOFF, Lina. *Como tudo começou com Maria de Nazaré*. Rio de Janeiro: Letra Capital, 2016.

BOFF, Lina. *Mariologia*. Petrópolis/RJ: Vozes, 2007.

CELAM. *Evangelização no presente e no futuro da América Latina*. Conclusões da Conferência de Puebla – texto oficial. São Paulo: Paulinas, 1979.

FRANCISCO. *Evangelii Gaudium*. São Paulo: Loyola, 2014.

FRANCISCO. Carta do Papa Francisco ao Cardeal Marc Ouellet, Presidente da Pontifícia Comissão para a América Latina. <https://w2.vatican.va/content/francesco/pt/letters/2016/documents/papa-francesco_20160319_pont-comm-america-latina.html>. Acesso em 02/08/2018.

FRANCISCO. In: <https://w2.vatican.va/content/francesco/pt/speeches/2017/september/documents/papa-francesco_20170907_viaggioapostolico-colombia-celam.html>. Acesso em 04/08/2018.

GEBARA, I. M.; BINGEMER, M. C. L. Maria. In: ELLACURIA, I.; SOBRINO, J. *Mysterium Liberationis:* conceptos fundamentales de la teología de la liberación, 1991, p. 612.

KUZMA, C. La eclesiología del Papa Francisco: el rescate de la agenda inacabada del Vaticano II y su recepción en la Evangelii Gaudium. *Medellín*, Bogotá, 2017, p. 333-346.

MURAD, A. *Maria: toda de Deus e tão humana*. Compêndio de Mariologia. São Paulo: Paulinas/Santuário, 2009.

PEDROSA-PÁDUA, L. O sim de Maria e o nosso sim. *Um olhar*. v. VI, 2017, p. 16-20.

QUINTANA, M. *A cor do invisível*. Rio de Janeiro: Globo, 1989.

SCANNONE, J. C. *La teología del Pueblo: raíces teológicas del papa Francisco*. Santander: Sal terrae, 2017, p. 194-204.

SPADARO, A.; GALLI, C. M. (Orgs.). *La riforma e le riforme nella Chiesa*. Brescia: Queriniana, 2016.

VATICANO II. *Mensagens, discursos e documentos*. São Paulo: Paulinas, 1998.

ZEZINHO, P. [compositor]. Canto da Mulher Latino-Americana. In: *Oração pela Família*. Brasil. 1 CD (ca 40 min). Faixa 5 (3:16). Remasterizado em digital.

5
O ROSTO MARIANO DA IGREJA
Considerações teológicas e pastorais

Afonso Murad[1]
Irmão Marista e Professor-Pesquisador na FAJE-BH

Quando encontramos uma família com pai, mãe, filhos e filhas, temos a tendência de observar os traços do rosto e do corpo deles e constatar as semelhanças. "Ah, essa menina tem a cara da mãe!", "esse rapaz é tão alto como o pai", "o sorriso deles é tão parecido"... Durante séculos, o cristianismo – católico e ortodoxo – realizou este exercício, não mais físico, mas de perfil espiritual, no que concerne a Maria e à Igreja, família dos seguidores de Jesus. Desde a patrística Maria é retratada como o modelo de fé e de adesão a Deus. Além da mãe, educadora e discípula de Jesus Cristo, consideramos Maria como nossa mãe na fé e intercessora. De um lado, olhamos para ela como figura inspiradora, como um filho(a) faz com o irmão/irmã mais velho, o pai, a mãe e outros parentes. De outro, Maria nos remete a Jesus. Ela tem a missão de "reproduzir nos filhos as feições do Filho primogênito", como nos diz o Papa São Paulo VI na *Marialis cultus* (MC 57).

Nossa reflexão versará sobre o liame entre Maria e nós – Igreja, a partir da analogia do rosto e das feições. E como Maria é mulher e não exerceu nenhuma função ministerial na Igreja primitiva, isso nos permitirá inferir as consequências para o laicato. Nosso trabalho se desenvolverá em três passos: (1) evidenciar os elementos centrais do pensamento do teólogo Urs Von Balthasar acerca do *princípio mariano da Igreja*, (2) tornar conhecida a contribuição de Emili Turú a respeito do *rosto mariano da Igreja*, no contexto da parceria de leigos e religiosos Irmãos, (3) enriquecer-se com as reflexões acerca do *estilo mariano de evangelizar* do Papa Francisco, na *Evangelii gaudium*.

1. O princípio mariano: aporte de Von Balthasar

O teólogo Hans Urs Von Balthasar é conhecido na mariologia pela contribuição acerca do "Princípio mariano da Igreja". Sua reflexão é marcada por certa complexidade, pois inclui teologia fundamental, eclesiologia, soteriologia e cristologia, em uma particular forma de pensar a fé, utilizando conceitos e imagens com originalidade. Mesmo correndo o risco de simplificar demasiadamente seu pensamento, pois é impossível abarcá-lo sem um longo e minucioso estudo, esboçaremos aqui alguns traços do referido tema mariano, desenvolvidos por esse grande teólogo contemporâneo, nascido na Suíça, em 1905, e falecido em 1978[2].

Entre os poucos textos de Von Balthasar traduzidos no Brasil, que tratam de Maria, destacam-se o opúsculo "Maria para Hoje"[3] e o elucidativo artigo "A face mariana da Igreja", na obra sobre o culto a Maria, organizada por W. Beinert[4]. Sobre o autor e o tema em questão, é imprescindível a obra do irlandês Brendan Leahy[5] "O princípio mariano da Igreja". Leahy é atualmente o bispo da diocese de Limerick, naquele país.

1.1. Maria e a dimensão feminina da Igreja

Na concepção de Von Balthasar, há um "princípio feminino", caracterizado sobretudo pela acolhida e receptividade, o qual se manifesta ao longo da história da salvação, em resposta à oferta da graça de Deus. Neste contexto, "a mulher é designada como paradigma da capacidade de resposta a Deus por parte da criação"[6]. Nosso autor se serve da "mística esponsal", e assim atribui a Deus certas características do que ele considera como *o princípio masculino*. No dizer de Brendan Lealy, que interpreta corretamente o pensamento de Balthasar, "o papel masculino no ato conjugal representa, por analogia, o papel de Deus, que toma a iniciativa no encontro humano-divino"[7]. Neste diálogo salvífico, quanto mais a humanidade se volta para Deus e escuta seu chamado, mais assume tal feição de resposta, personificada de modo representativo em diversas etapas da história: Israel, Maria e a Igreja[8]. Tais analogias têm grande alcance e alguns limites, como reconhece o próprio teólogo suíço[9].

Quando Von Balthasar reflete sobre a Trindade, sublinha que não há masculino nem feminino na relação do Pai com o Filho, no Espírito. Mais ainda, "no Filho eterno de Deus, os arquétipos de ambos os sexos têm a mesma eternidade e dignidade. No Filho há uma 'feminilidade' e uma 'masculinidade' de resposta ao Pai"[10].

Ao se pensar no elo de Cristo com a Igreja, conjugam-se a analogia "esposo-esposa", com a de "corpo místico de Cristo", gerado por ele e parte dele. Simultaneamente, há uma relação de alteridade e não de identidade completa. "Por meio da efusão do Espírito, a Igreja está diante de Cristo como um alguém, um sujeito, uma pessoa, uma realidade que coopera e que é formada pela subjetividade e a personalidade de todos aqueles que a compõem"[11].

Segundo Balthasar, a Igreja é nossa mãe e tal maternidade "se revela de maneira plástica e pode ser captada no fato e no modo de Maria ser mãe de Jesus"[12]. Maria assumiu uma responsabilidade singular, na concepção, no parto e na educação de Jesus, que a empenhou tanto no plano espiritual quanto no físico. Ora, na Igreja e com a Igreja, o Cristo quer realizar a própria missão no mundo, produzindo seus frutos. A Igreja é a esposa de Cristo, conduzida a ele e por ele purificada. Através da autodoação de Cristo se constrói a Igreja como seu corpo, sua esposa e o vaso, onde se derrama a plenitude da graça, pela Palavra e pelos sacramentos. No interior da Igreja, há uma graduação: desde os que se contentam em receber os tesouros ofertados até aqueles que trabalham ativamente e sem cessar, exercendo seu sacerdócio universal, para transmitir as graças recebidas e deixá-las fluir no mundo. Assemelha-se este fato às ondas concêntricas, criadas quando uma pedra é lançada no lago[13].

Como então deve se compreender a dinâmica Igreja-Maria? Em relação aos outros membros da Igreja, Maria possui uma prioridade, não simplesmente em razão da maternidade física, mas sim "em virtude de sua atitude profundamente pessoal de uma fé que está a serviço". E essa provém da graça que Deus comunica ao mundo através da obra de Jesus Cristo. A maternidade é consequência da graça de Deus e da fé-resposta de Maria.

> Ninguém como ela ouviu e pôs em prática a palavra de Deus, até as últimas fibras do corpo, de modo que nela a fé-de-Abraão na promessa divina foi levada à plena realização: a sua fé realizou a encarnação da palavra de uma promessa; só porque o próprio Deus em sua soberana liberdade, quis tornar-se homem nela[14].

Voltemos à imagem das ondas concêntricas. Maria é a maior entre os círculos de recepção da graça, cujo raio se sobrepõe e contém todos os outros. Ela é coextensiva à Igreja dos santos, esposa sem mácula e sem ruga. "Em Maria a Igreja já assumiu a figura corpórea antes de estar organizada em Pedro." Assim, a Igreja é em primeiro lugar, e de forma permanente, feminina. Isto é, gratidão, recepção e comunicação. Somente depois ela recebe o seu lado masculino complementar, no ministério eclesiástico. Tal ministério masculino é "destinado a representar (mas no interior de sua receptividade feminina) o Senhor da Igreja que concede os dons"[15]. Então, segundo Balthasar, sob certo ponto de vista, a Igreja é antes de tudo matriarcal, e secundariamente estruturada de maneira patriarcal[16].

A feminilidade da Igreja inclui ainda o fato de que ela "não focaliza a si própria, mas que, através de sua atitude serviçal e genuinamente caseira, prepara um lugar para o Senhor nos corações e na sociedade humana"[17]. Tal dimensão feminina e esponsal da Igreja, inspirada em Maria, impacta não somente no ato de fé, mas também no empenho da comunidade eclesial de pensar os conteúdos da fé *(fides quae)*.

> A doutrina da fé se produz sempre na igreja em um diálogo vivente entre o Esposo e a Esposa (entendendo a esta como a Esposa mariana). O Esposo é o que doa; a Esposa a que consente. Unicamente dentro deste consentimento de fé pode fluir o milagre da Palavra, que é ao mesmo tempo a semente e o semeador.[18]

A teologia deve incorporar a dimensão místico-espiritual, pois a ciência da fé é em primeiro lugar, "contemplação do Esposo pela Esposa". Toda pesquisa teológica exala necessariamente o alento dessa busca orante[19].

Balthasar reconhece a singularidade da pessoa de Maria, desvelando a identificação arquetípica entre ela e a Igreja, "assembleia de todos os crentes e entidade social estruturada". Mas é crítico em relação ao culto mariano desmedido, que a partir da idade média ocidental "degenerou em vários exageros e deformações". A simples promoção da piedade e das devoções marianas é insuficiente para se alcançar o escopo de renovação da face da Igreja[20], justamente inspirada na Mãe de Jesus.

O mistério de Maria e o da Igreja se compenetram e se iluminam mutuamente como em pericorese. Um necessita do outro para ser focalizado de maneira adequada. Balthasar recorda que desde a patrística se refletiu sobre a figura de Maria olhando para Cristo e a Igreja. Por exemplo, segundo Ambrósio, Maria é a verdadeira cooperadora da obra de Cristo e aquela que contém a Igreja. Mas também há uma dessemelhança, pois somente Maria gerou corporalmente o filho de Deus encarnado[21]. Os cristãos a imitam, de forma somente espiritual, como sustenta Agostinho. Mais. Maria é tipo perfeito da Igreja na comunidade dos santos. Sua missão reside ainda em ser mãe dos membros de Cristo, "porque com a sua dedicação e amor cooperou para fazer com que os fiéis nascessem na Igreja"[22].

1.2. Questionamentos ao "arquétipo feminino" e suas consequências

A reflexão de Von Balthasar acerca de Maria e a Igreja, a partir desta ótica esponsal clássica, fundamentada em uma visão prévia sobre o feminino e o masculino, recebeu várias críticas. Parece-nos que é um esquema inadequado para o nosso tempo, no qual as mulheres não mais são compreendidas pelos tradicionais papéis de "receptivas", "vasos," "as que consentem", as "caseiras", as "auxiliares dos homens". Tais expressões encontram-se literalmente nos textos de Von Balthasar. Soam como uma analogia anacrônica, herdada da cultura androcêntrica. Mais. No substrato de sua reflexão, Von Balthasar considera o papel da mulher fundamentalmente como "a esposa que concebe e a mãe que engendra, alimenta e educa"[23]. Aplica esta visão para Maria e a Igreja, em relação a Jesus.

Parece que a polaridade varão-mulher constitui uma categoria basilar na sua teologia. Salta aos olhos que, tanto nos escritos mais antigos, quanto nos últimos, ele pende para uma concepção questionável e ambígua. Resumidamente: prioridade do homem, com uma necessária complementariedade da mulher, que ao final se revela como o princípio da espécie humana. Nesta concepção sobre o masculino e o feminino, praticamente identificados com "homem" e "mulher", Von Balthasar sofreu grande influência da vidente Adrienne Von Speyr, que escreveu o livro "Teologia dos sexos", editado pelo mesmo Von Balthasar. Nessa obra abundam analogias e expressões nitidamente patriarcais e androcêntricas[24].

Vejamos na obra "O todo no fragmento" (Das Ganze im Fragment), originalmente escrito em 1963. Ao discorrer sobre o mistério da encarnação, e como o Filho de Deus ao se fazer humano teve que assumir a limitação da distinção sexual, Von Balthasar afirma:

> Que o homem comande, como "a cabeça da mulher", faz parte da lei natural; mas quão profunda é sua dependência da mulher, que dispõe e providencia [...] Pertence à Kenosis da Palavra haver escolhido somente esse sexo, com sua superioridade natural, mas junto com sua referência essencial ao outro de si [...] A semente da palavra tem necessidade do campo do mundo. Cristo necessitou do seio da Igreja virgem[25].

O mesmo acontece em obras tardias. Por exemplo, o tomo III da "Teodramática", publicado originalmente em 1978[26]. Na sessão III, intitulada "personagens teológicos", situa-se o capítulo B, nomeado como "A resposta da mulher". Inicia-se com a abordagem antropológica (p. 263-271). A seguir, a resposta de Maria, antecipada por uns prolegômenos para a mariologia (p. 271-312). E por fim, a resposta da Igreja, relacionando-a com Maria (p. 312-330). No início da sessão, Von Balthasar antecipa a chave de sua reflexão teológica: o homem Cristo tem à força que ser varão, pois sua missão é representar no mundo o princípio, o Pai. E da mesma maneira como Eva foi formada de Adão (e que portanto ele a levava potencialmente em si), assim também o feminino conformado ao varão Cristo (=Maria) tem que sair dele como sua plenitude (Ef 1,23)[27].

Von Balthasar move-se em uma linha tênue, o que dá margem a uma interpretação machista e autoritária. De um lado, afirma a anterioridade e até certa superioridade do feminino, representada em Maria. No entanto, a mulher é compreendida fundamentalmente como resposta ao homem[28]. Mesmo que ele diga que a mulher é o verdadeiro princípio da fecundidade, que sem ela o homem não encontrará sua plenitude[29]. A mulher, que o autor confunde com o feminino, é considerada como secundária e complementar[30]. Além disso, a relação homem-mulher é desenvolvida de maneira idealizada e a-histórica. Por isso, o autor não leva em conta o lugar concreto no qual atuam (ou não podem atuar) as mulheres na Igreja e na sociedade.

> Antes que apareça na Igreja o ministério masculino, a Igreja já existe como mulher e auxiliadora do homem. E a ação ministerial dos presbíteros torna-se como tal condutível [...] unicamente quando é garantida pela mulher "supraministerial", que inclui em si também o ministério; mulher [esta] que pronuncia, como única, o sim necessário para a Encarnação[31].

Von Balthasar considera inquestionável o ministério ordenado masculino, sem se interrogar como ele é exercitado (muitas vezes, de forma autoritária e com concentração de poder). Defende o papado aguerridamente[32], mas não põe a questão se o exercício do primado poderia ter outra configuração. Nem trata de influência da cúria romana no governo da Igreja. Assim, ele legitima estruturas eclesiásticas e formas de exercício do ministério ordenado que podem ou devem ser modificadas. Sua postura reforça posturas clericais, em nome de um princípio pretensamente originário e inamovível. Talvez sem que o autor tenha tal intenção, reduz-se o espaço de reconhecimento próprio do laicato[33].

E em relação às mulheres? Sobre este ponto, tomemos as observações da respeitada teóloga norte-americana Elizabeth A. Johnson[34]. Ela atesta que Von Balthasar delineia a mariologia com visão profundamente cristocêntrica e interesse fortemente eclesial. Mas a forma seria questionável. Por uma parte, estão Deus e Cristo, implicitamente masculinos. Por outra, Israel, Maria e a Igreja, explicitamente femininas. A salvação se manifesta "quando ambas as partes se relacionam na analogia da reciprocidade entre homem e mulher no contexto de uma relação conjugal patriarcal"[35].

De fato! Ao discorrer sobre cenas do evangelho, Balthasar adorna Maria com as virtudes tipicamente femininas das sociedades patriarcais: silenciosa, esquecida de si mesma, entregue e obediente. Ele comenta que no pedido nas bodas de Caná manifestam-se algumas atitudes marianas:

> [...] sua completa falta de interesse próprio, a total entrega à vontade do filho, [...] a inabalável esperança; e é justamente pela sua não insistência, pela ausência de querer fazer prevalecer sua própria vontade, que ela vence e a hora da cruz é antecipada[36].

Então, segundo Elizabeth Johnson, nosso autor deixa transparecer a tradicional dicotomia entre feminino e masculino, equiparada àquela entre coração e cabeça, graça e justiça[37]. Pareceria que a prioridade de Maria sobre Pedro, enquanto arquétipos da Igreja, levaria a enfatizar o valor de mulher na própria estrutura eclesial. Mas isso não acontece.

> [Maria] pode preceder a Pedro em temas espirituais [...] e não utilizar poderes apostólicos, porque goza de um poder superior. Mas o efeito claro de tal simbolismo é que relega às mulheres a alimentar a vida interior do espírito – o que é importante – mas para impedi-las de participar no ministério público da Igreja[38].

Na mesma linha se move a americana Natalia Imperatori-Lee, em breve artigo. Ela mostra que esta inflexível distinção entre o masculino e o feminino, utilizada por Balthasar, não faz jus à real situação de tantos homens e mulheres. Pois não se trata de algo automaticamente produzido pela biologia sexual. Além disso, estes pretensos arquétipos são elaborados a partir da predominância do homem, considerado como a força ativa.

> A complementaridade rígida ilude homens e mulheres em relação à sua plena humanidade. Ao pressupor que as mulheres têm o que falta nos homens, ou vice-versa, reforçam-se estereótipos de masculinidade e feminilidade através da imposição dos pontos fortes e fracos que as pessoas devam ter se forem fiéis a seus gêneros. [...] Nem todos os homens e mulheres se encaixam nesse molde complementar [...] As relações humanas são baseadas em reciprocidades que mudam ao longo do tempo[39].

Importa reter que, malgrado esses sérios limites culturais no pensamento de Von Balthasar, compreende-se bem que Maria é o princípio da Igreja em vários sentidos. Ela é a mãe do Filho de Deus encarnado, Jesus Cristo. Jesus constitui a Igreja como comunidade de continuadores de sua missão e instituição formal. Cristo também é a cabeça da Igreja, como seu "corpo místico". Da mesma forma como a mulher é resposta ao homem e ao mesmo tempo o princípio da espécie humana, assim também acontece com Maria: mãe virginal do Messias que acolhe a proposta de Deus e princípio da Igreja, como modelo e mãe. Maria é o *typos*, o símbolo real e o compêndio da Igreja[40], o "nós" feminino englobante[41].

Vejamos agora como Balthasar articula o princípio mariano da Igreja com outras figuras arquetípicas ou "símbolos reais". Tal reflexão está desenvolvida em várias obras do nosso autor, tais como "Sponsa Verbi", "Teodramática" v. 3

(Theodramatik) e "O complexo antirromano" (Der antirömische Affekt). Vamos nos servir das duas últimas obras citadas de Von Balthasar e da boa síntese de Brendan Leahy[42].

1.3. Maria e os princípios permanentes da Igreja

A partir da reflexão sobre figuras importantes na Igreja primitiva, o que ele chama "a constelação de pessoas que giram em torno a Jesus", Von Balthasar sustenta que há quatro princípios constituintes da estrutura fundamental da Igreja (ou símbolos reais): o petrino, o paulino, o joanino e o de Tiago[43] (princípio jacobino[44]). A experiência arquetípica de fé específica dessas figuras paradigmáticas, com seus traços peculiares, continua hoje na vida da Igreja. E o princípio mariano antecede a todos e abraça a todos.

Princípio petrino: remonta à figura de Pedro, tal como ele aparece nos evangelhos, nos Atos dos Apóstolos e nas Cartas que levam seu nome. Esse personagem, tão conhecido na Igreja católica, refere-se à proclamação originária da Boa Nova (querigma) e sua realização na vida cristã. A missão de Pedro diz respeito ao Credo pregado de maneira ordinária em todo o mundo, mediante o ministério ordenado. Reporta-se à dimensão hierárquica e institucional da Igreja, ao aspecto objetivo da santidade[45]. "A posição de Pedro não está no vértice da pirâmide eclesiásticas, absolutamente reservado a Cristo. A missão de Pedro, tão singular e importante, é um ministério entre outros"[46].

Princípio paulino: provém da figura histórica do apóstolo Paulo, o grande missionário e apóstolo dos gentios. A partir de sua experiência pessoal, Paulo enfatiza a prioridade da graça de Deus sobre as obras, a redenção em Cristo, a gratuidade da salvação. A missão de Paulo continua através da irrupção de novos carismas na história da Igreja. Alude a um princípio profético que atua nos carismas missionários, nas grandes conversões, na experiência dos místicos e videntes, que comunicam à Igreja as palavras ditadas pelo espírito[47]. Portanto, o arquétipo ou "princípio Paulo" diz respeito à dimensão carismática da Igreja.

Princípio Joanino: origina-se da pessoa do discípulo amado, o evangelista do mandamento novo do amor. Cabe a João a missão da unidade, ao sintetizar os elementos petrinos (organização visível e institucional) e paulinos (missionaridade e liberdade mística), combinando-os com a visão contemplativa. O princípio joanino está profundamente unido ao mariano[48]. Tal dimensão joanina se encarna sobretudo (mas não exclusivamente) nos consagrados, que professam os Conselhos Evangélicos e cultivam o amor contemplativo. O próprio Von Balthasar se vê refletido neste princípio joanino. Na obra "Quem é cristão?"[49], ele afirma com clareza que o amor é "forma de vida cristã" e defende "a primazia da contemplação". Já em "Só o amor é digno de fé"[50], sublinha que o amor cristão é a palavra conclusiva de Deus sobre Si próprio, a respeito do mundo e do ser humano.

Princípio de Tiago (jacobino): alude ao irmão do Senhor, que provavelmente ocupou o lugar de Pedro quando ele saiu de Jerusalém (At 12,17). No concílio de Jerusalém, Tiago conduziu a proposta de reconciliação entre cristãos, judeus e gentios (At 15,13-21). O arquétipo Tiago representa a continuidade entre a Antiga e a Nova Aliança, a Tradição, a legitimação da letra da Lei, em contraposição a um espiritualismo puro. Assim, para Von Balthasar, tal princípio consistiria na dimensão eclesial que acentua o sentido histórico, a continuidade com o passado e o direito canônico[51].

Resumidamente, os personagens arquetípicos de Von Balthasar representam diferentes dimensões fundamentais da Igreja. Corresponde ao que ele denomina "o quarteto apostólico, com suas respectivas missões, que se entrecruzam: Pedro, o ministério ordenado ou pastoral; João, o amor que permanece, Paulo, a liberdade no Espírito; Tiago, a tradição, a lei. Cada uma das missões se comunica com as outras e juntas formam um conjunto inseparável. Percebe-se assim o caráter complementar e a peculiaridade de cada missão[52].

> Ali estão os quatro que dominam o campo de forças da Igreja nascente [...] Eles determinam definitivamente, entre constantes tensões suportadas até o fim, a vitalidade e a forma eclesiástica de sempre[53].

Mas eles não se articulam facilmente. Desde o início da Igreja, há desarmonias e discordância, uma tensão permanente entre eles. Como é difícil unir ofício, amor, tradição e novidade[54]! Subsiste na Igreja um conflito entre o ministério "episcopal" e o "profético", como dizia o Cardeal Newmann. Segundo Von Balthasar, o ministério petrino "tem a missão de velar sobre a autenticidade do sentido profético da fé vivente em todo o povo, de conservá-la e de julgar sobre ela". Ao mesmo tempo, ele deve estar atento ao ministério profético de toda a Igreja, e em caso de necessidade, deixar-se ensinar por ele, como o discípulo amado chamou a atenção de Pedro (Jo 21,7). É constante esta polaridade "entre a santidade mariano-subjetiva e a santidade petrino-objetiva". Trata-se de um "dramático encontro entre o saber vital do crente proveniente da plenitude de Cristo e a sabedoria oficial da autoridade instituída diretamente por Cristo, que se pressupõem reciprocamente"[55].

Princípio Mariano: como já vimos, para Balthasar, Maria personifica a Igreja em dois sentidos: (1) A realidade da Igreja consiste em ser "transparência mariana de Cristo"; (2) Maria é a mãe do Verbo de Deus feito carne, de quem nasce a Igreja e ela é a esposa que coopera com Cristo no evento da Redenção. No "sim" de Maria está concentrado, em toda a intensidade, iniciativa divina e a adesão da Igreja e da humanidade a Deus.

> Em Maria, a Igreja já está completamente presente, pois o Espírito no qual ela profere o seu sim é, desde a eternidade, o Nós de Deus, e já iniciou a sua obra na terra, a do nós proferido e vivido[56].

Von Balthasar destaca três momentos da Vida de Maria nos quais converge a identificação da Mãe de Jesus com a Igreja: anunciação, cruz e Pentecostes. Ele considera a anunciação a primeira célula da Igreja. No calvário, Maria pronuncia o segundo sim, que se estende por toda a história da Igreja. Formados ao pé da cruz como povo de comunhão, membros do corpo-esposa de Cristo, somos inseridos num círculo de dar-receber-agir recíproco, tendo Maria como nosso modelo e protótipo[57].

No evento Pentecostes, Maria se torna o centro e o núcleo focal da Igreja iluminada pelo Espírito. Justamente por estar cheia do Espírito, ela se torna modelo e arquétipo da Igreja[58]. E para Von Balthasar, o Espírito é fonte tanto dos carismas quanto da instituição.

> Na Igreja de Cristo, o Espírito Santo vive sempre e ao mesmo tempo como Espírito objetivo e subjetivo: como instituição, ou regra, ou disciplina, e como inspiração e obediência amorosa ao Pai e como Espírito de filiação[59].

Voltemos para a reflexão sobre Maria e os arquétipos petrino, paulino, joanino e jacobino. Maria é o princípio da Igreja que abraça todos os quatro, na qual eles encontram o centro de sua unidade interna[60].

Em determinado momento de sua reflexão, Balthasar se concentra na relação entre o princípio petrino e o princípio mariano. Uma importante parte de seu edifício teológico consiste em justificar o primado petrino, o papado, integrando-o na totalidade da Igreja. Tal é a finalidade principal de sua obra "Der antirömische Affekt" (1974)[61]. E precisamente no capítulo 5, intitulado "a maternidade envolvente da Igreja" se articulam os princípios petrino e mariano[62]. Von Balthasar admite que "não é fácil expor adequadamente, com equilíbrio, as relações entre Maria, arquétipo do amor maternal da Igreja [...], e o ministério de Pedro no seio do colégio apostólico"[63].

Maria e Pedro são os dois mais importantes símbolos reais da "constelação" de Jesus Cristo. Somente Jesus é o Senhor da Igreja. Maria é sua escrava e Pedro, o primeiro de seus ministros. A maternidade de Maria e a solicitude pastoral de Pedro derivam do modelo arquetípico de Jesus, o servo de todos, que se entrega por nós. Os marcos mariano e petrino são coextensivos à Igreja. No entanto, enquanto a atitude de fé de Maria é oferecida a todos os membros da Igreja, a solicitude pastoral de Pedro "é incomunicável em seu aspecto específico e único, e não lhe cabe ser compartilhada". Assim, a universalidade petrina está sob a influência informante da universalidade mariana, e não vice-versa[64].

Maria canaliza toda a sua vontade para fazer de seu próprio ser "o lugar do possível encontro da indigência humana com a graça divina", renunciando a si própria e ampliando ao máximo sua disponibilidade para Deus. Quando ela é "transbordada" pelo Espírito Santo, converte-se em arquétipo e exemplo da Igreja. Embora inacessível em sua perfeição, o fiat mariano envolve a todos, engloba toda a vida eclesial, protegendo-a e dirigindo-a[65]. A atitude de Maria, na anunciação e na cruz, quando sofre com Jesus pelo pecado do mundo, funda assim a Igreja dos crentes, a Igreja do "sacerdócio comum". Se Maria é pura gratuidade e acolhida, o ministério petrino, que Von Balthasar insiste em classificar como "masculino", exige um "juízo discriminatório" em relação ao pecado e ao pecador. Segundo Von Balthasar:

> As chaves que Pedro detém são de abrir e fechar. Pedro tem que julgar, discernir, examinar, ditar sentenças. Deve interessar-se pela situação do pecador, afastado do centro mariano do amor. Deve ajustar-se ao direito canônico pessoalmente e em seu comportamento com os outros[66].

Esta afirmação de Von Balthasar soa muito estranha. Ela dá margem a um dualismo de princípios. Presta-se ainda a justificar decisões da autoridade eclesiástica, em nome do poder divino, e a fortalecer a concentração do poder na Igreja. Favorece assim um abismo crescente entre os leigos(as) e os ministros ordenados. Sabemos que nem todas as leis eclesiásticas, sujeitas ao desgaste do tempo, estão diretamente ligadas ao princípio petrino. Mais questionável se torna ainda o desenrolar da argumentação de Von Balthasar, quando este tende a identificar o princípio mariano como materno, enquanto o petrino seria o da autoridade paterna[67]. Novamente, ele confunde o arquétipo, compreendido como princípio atemporal e permanente, com determinadas atribuições de gênero, historicamente situadas e sujeitas a modificação.

Tornou-se famosa a frase de Von Balthasar a respeito do liame do princípio mariano com o petrino, e a superioridade do primeiro:

> O elemento mariano na Igreja abraça o petrino, sem desejá-lo para si. Maria é "rainha dos apóstolos" sem pretender para si os poderes apostólicos. Ela tem outras coisas e muito mais[68].

Esta ideia do princípio mariano foi assumida por João Paulo II na Carta Apostólica *Mulieris dignitatem*, como um argumento para realçar o valor das mulheres (leigas) na Igreja, em contraste com a hierarquia:

> A estrutura hierárquica da Igreja se ordena para a santidade dos seus membros. E a santidade é medida segundo o grande mistério em que a Esposa responde com o amor ao dom do Esposo, no Espírito Santo. O Concílio Vaticano II, confirmando a tradição, recordou que, na hierarquia da santidade, a mulher Maria de Nazaré, é figura da Igreja [...]. Maria precede a todos no caminho rumo à santidade. Na sua pessoa a Igreja já atingiu a perfeição. Neste sentido, pode-se dizer que a Igreja é conjuntamente mariana e apostólico-petrina (MD 27)[69].

5. O rosto mariano da Igreja

Dada a complexidade do tema "Princípio Mariano da Igreja" em Von Balthasar, é preciso analisá-lo em correlação com sua eclesiologia[70], a imagem da "esposa de Cristo[71], a relação entre o princípio petrino e o mariano, o que são os leigos na Igreja[72], a cooperação de Maria na obra da salvação[73], o feminino e a mulher[74], e "a dignidade da mulher"[75]. Portanto, são vários pontos que necessitam ser relacionados e aprofundados em estudos futuros.

Permanecem algumas questões teológicas a elucidar, algumas das quais já abordadas por teólogos(as) contemporâneos. Por que o teólogo suíço privilegia na eclesiologia as figuras de "Corpo místico de Cristo" e "esposa do Verbo", em detrimento da categoria "Povo de Deus", central na constituição dogmática *Lumen gentium*, do Concílio Vaticano II? Até que ponto tal opção estreita a visão sobre a Igreja e condiciona uma mariologia abstrata? Os princípios petrino e marianos seriam arquétipos intocáveis, ou uma *questão a discutir*?[76] Os quatro "símbolos reais" correspondem ao que efetivamente representa a Igreja, ou seriam apenas uma bela criação literário-teológica[77]? Até que ponto o princípio mariano favorece uma "Igreja comunidade", voltada para a evangelização e a presença profética na sociedade? Ou, ao contrário, reforça o clericalismo e coloca os leigos e, especialmente as mulheres, numa posição de passividade e mera "receptividade"?

Parece-nos que a respeitável contribuição de Von Balthasar necessita um contraponto mais pastoral, com um princípio de aplicação próxima à existência pessoal e comunitária dos cristãos. Mais ainda. Seria adequado um discurso teológico--pastoral que amplie os traços do "rosto mariano da Igreja", configurando uma espiritualidade para o nosso tempo, como atitudes visíveis. Por isso, completamos o seu enfoque com dois aportes significativos, que veremos abaixo.

II. O *ROSTO MARIANO* DA IGREJA E *UM ESTILO MARIANO* DE EVANGELIZAR

O Irmão Emili Turú, ex-Superior Geral dos Irmãos Maristas, escreveu um breve texto, no qual apresenta algumas características que ele considera fundamentais de uma "Igreja com rosto mariano"[78]. Consiste em uma reflexão destinada a religiosos não clérigos e aos leigos e leigas que compartilham a missão e a espiritualidade marista no mundo. Como aqui não se coloca a tensão entre laicato e hierarquia, o autor consegue identificar características marianas essenciais que inspiram a vida cristã hoje. Como se trata de algo breve, como um quadro esquemático, manteremos as palavras literais do Irmão Emili (texto em itálico).

Segundo o Ir. Emili Turu, para descobrir e construir uma Igreja de rosto mariano devemos partir de dois pressupostos: é uma Igreja que, na sua vida e no seu pensamento, é inspirada pelas atitudes de Maria; o Evangelho é o melhor documento que reflete tais atitudes. Com esses dois pressupostos em mão é fácil encontrar as características de uma Igreja de rosto mariano. Todos são convidados a vivê-las e a pô-las em prática na sua vida[79]. Quais seriam estes traços?

(1) É uma Igreja que **escuta e medita a Palavra de Deus** e se alimenta dela. A Palavra de Deus enriquece a sua presença espiritual no mundo e na vida das pessoas. Escutar a Palavra significa entrar no mundo de Deus, desenvolver e consolidar a fé que dá sentido à nossa vida cristã e marista. Foi o que Maria fez (Lc 2,19.51).

(2) É uma Igreja **missionária** que vai ao encontro de homens e mulheres do nosso tempo, como o fez Maria quando foi visitar Isabel (Lc 2,39-45). Uma Igreja "em saída", diria o Papa Francisco. A dimensão missionária da

Igreja é uma consequência explícita da meditação e da experiência da Palavra de Deus: Ide e proclamai a Boa Nova (Mt 20, 16-20). A presença de Maria no Cenáculo tornou-a a "Rainha dos Apóstolos", no preciso momento em que a Igreja começa a sua missão (At 1,14).

(3) É uma Igreja **eucarística**, no sentido de que a missão central da Igreja é o seu direito e dever de oferecer Jesus ao mundo de hoje, não só pela sua Palavra, mas também pelo seu Corpo e Sangue. Em sua visita a Isabel, Maria oferece a sua prima a certeza de que seu filho é o Filho de Deus concebido em seu seio. O seu corpo é Tabernáculo do Senhor. Neste sentido, nas palavras de João Paulo II, Maria é a mulher eucarística por excelência e colabora de modo extraordinário na salvação do mundo.

(4) É uma Igreja que canta e **louva** o seu Senhor. Essa era a atitude de Maria ao cantar o Magnificat (Lc 1,46-56).

(5) É uma Igreja que vive da **caridade**, e a põe em prática, especialmente para com **os mais pobres**. Fazendo eco da linguagem do Evangelho (Lc 1,52-53.56), os mais pobres são os humildes, os que têm fome. São os que Maria lembra no seu Magnificat.

(6) É uma Igreja que **dá vida**, no sentido de que dá ao mundo aquele que é a vida (Jo 11,25; 14,6), e continua a dar vida em todo o tempo e lugar. Esta foi a primeira tarefa de Maria: em Belém, ela oferece ao mundo, simbolizado nos pastores e nos Magos, Aquele que é a vida (Mt 2,1-12; Lc 2,8).

(7) É uma Igreja **serva** que faz do amor e do serviço o centro de sua missão, para revelar ao mundo a glória de

Deus e para chamar os homens e as mulheres de todos os tempos a uma vida de fé. É o que Maria nos ensina nas bodas de Caná: atenta às necessidades dos outros, ela transforma o ambiente onde se manifesta a glória de Deus e da fé dos discípulos.

(8) É uma Igreja **materna**, que acolhe no seu seio os filhos que o Senhor lhe dá. Na pessoa de João, todos nós somos recomendados a Maria. A sua maternidade espiritual atinge todas as dimensões do mundo e torna-se universal. Mesmo nas situações mais dramáticas da nossa existência, como o sofrimento e a morte, a Igreja, inspirada por Maria ao pé da cruz, é chamada a tornar-se o rosto materno de Deus para todos os que sofrem (Jo 19,25-27).

Resumidamente, para Emili Turú, uma Igreja com rosto mariano: escuta e medita a Palavra de Deus, é missionária, oferece Cristo ao mundo, alegra-se no louvor, pratica o amor solidário (especialmente para os mais pobres), é servidora e comunica a vida, e testemunha a face materna e misericordiosa de Deus. Parece-nos que as características acima elencadas completam e ampliam aquelas desenvolvidas por Von Balthasar, especialmente porque são traços que aludem à experiência ética e espiritual de pessoas e comunidades concretamente situadas. A partir desses traços todos os membros da comunidade eclesial se identificam, independentemente de seu ministério e estado de vida (laical, consagrado ou ordenado).

Este perfil mariano da Igreja ganha um matiz especial com o Papa Francisco, que utiliza as expressões "estilo mariano de evangelizar" e "ícone feminino", na exortação apostólica *Evangelii gaudium* (EG 284-288): Ele nos convida a fixar o olhar em Maria, "para que ela nos ajude a anunciar a todos a mensagem de salvação e para que os novos discípulos se tornem evangelizadores ativos" (EG 287).

5. O rosto mariano da Igreja

O Papa Paulo VI, na *Marialis cultus*, havia evidenciado o liame ético-espiritual e cultual entre Maria e a comunidade eclesial, continuando a mensagem do capítulo VIII da *Lumen gentium*. Paulo VI proclama que Maria é o modelo de toda a Igreja, como perfeita discípula de Jesus:

> Maria sempre foi proposta pela Igreja à imitação dos fiéis porque [...] nas condições concretas da sua vida, Ela aderiu total e responsavelmente à vontade de Deus (Lc 1,38); porque soube acolher a sua palavra e pô-la em prática, porque a sua ação foi animada pela caridade e pelo espírito de serviço; e porque, em suma, Ela foi a primeira e a mais perfeita discípula de Cristo – o que, naturalmente, tem um valor exemplar universal e permanente (MC 35).

Além disso, Paulo VI diz que *Maria é a mestra da vida espiritual para cada um dos cristãos. Olhamos para Maria, a fim de que, como ela, façamos de nossa própria vida um culto a Deus, e do nosso culto um compromisso vital* (MC 21). Não estaria contida aí a chave teológico-pastoral do rosto mariano da Igreja?

Papa Francisco segue os passos de Paulo VI e avança mais. A Igreja é compreendida como comunidade dos discípulos missionários de Jesus. Então, o que Maria nos ensina, como perfeita discípula, mãe e educadora de Jesus? Francisco delineia um perfil fascinante de Maria, em relação a Cristo e à Igreja em missão.

A peregrina na fé: Ela é a mulher de fé, que vive e caminha na fé. Sua excepcional peregrinação da fé representa um ponto de referência constante para nós. Ela deixou-se conduzir pelo Espírito, através de um itinerário de fé feito de serviço e fecundidade (EG 287).

Enfrenta crises: Na peregrinação evangelizadora, há fases de aridez, de ocultação e até de um certo cansaço, como as que viveu Maria nos anos de Nazaré enquanto Jesus crescia. Naquele início, ela experimenta um aperto do coração, uma noite da fé e também um avanço (EG 287).

Contemplativa: Maria conserva cuidadosamente "todas estas coisas ponderando-as no seu coração" (Lc 2,19). Ela reconhece os vestígios do Espírito de Deus tanto nos grandes acontecimentos como naqueles que parecem imperceptíveis. É contemplativa do mistério de Deus no mundo, na história e na vida diária de cada um e de todos (EG 288).

Proativa: Maria é a mulher orante e trabalhadora em Nazaré, mas é também a nossa Senhora da prontidão, a que sai às pressas (Lc 1,39) de seu povoado para ajudar os outros (EG 288).

Alegre no louvor: Ela é a serva humilde do Pai, que transborda de alegria louvando a Deus (EG 286).

Resistente na esperança: Como Mãe de todos, Maria é sinal de esperança para os povos que sofrem as dores do parto, até que germine a justiça (EG 286).

Terna: Sempre que olhamos para Maria, voltamos a acreditar na força revolucionária da ternura e do afeto. Nela, vemos que a humildade e a ternura não são virtudes dos fracos, mas dos fortes, que não precisam maltratar os outros para se sentir importantes (EG 288).

Profética e acolhedora: Fixando-a, descobrimos que aquela que louvava a Deus porque "derrubou os poderosos de seus tronos" e "aos ricos despediu de mãos vazias" (Lc 1, 52.53) é mesma que assegura o aconchego de um lar à nossa busca de justiça (EG 288).

Perseverante na cruz: Na cruz, quando Cristo suportou em sua carne o dramático encontro entre o pecado do mundo e a misericórdia divina, viu a seus pés a presença consoladora da Mãe e do amigo (EG 285).

Modelo da Evangelização: Esta dinâmica de justiça e ternura, de contemplação e de caminho para os outros faz de Maria um modelo eclesial para a evangelização (EG 288).

Resumidamente, Maria inspira o perfil da face e do corpo da Igreja que evangeliza, enquanto ela é peregrina na fé (e por isso mesmo enfrenta crises de crescimento), revela-se simultaneamente como contemplativa e proativa, louva alegremente o Senhor, profeticamente resiste na esperança pela justiça, persevera até a cruz, manifesta ternura e aconchego.

Vejamos agora como Francisco nos apresenta os múltiplos laços que une Maria à Igreja, comunidade dos discípulos missionários de Jesus.

Mãe da comunidade: Jesus deixa-nos a sua Mãe como nossa Mãe. Ao pé da cruz, Cristo conduz-nos a Maria. Leva-nos a Ela, porque deseja que caminhemos com uma mãe; e, nesta imagem materna, o povo lê todos os mistérios do Evangelho (EG 285).

Ícone feminino da Igreja: Há ligação íntima entre Maria, a Igreja e cada fiel (EG 285). É do agrado do Senhor que sua Igreja tenha o ícone feminino. Ela, que o gerou com tanta fé, também acompanha "o resto da Sua descendência" (Ap 12,17).

Presente no meio do Povo: Juntamente com o Espírito Santo, sempre está Maria no meio do povo. Ela reuniu os discípulos para o invocarem (At 1,14), e assim tornou possível a explosão missionária em Pentecostes (EG 284).

Nossa amiga: Maria é a amiga sempre solícita para que não falte o vinho na nossa vida. Ela, que tem o coração trespassado pela espada, compreende todas as penas (EG 286).

Caminha e luta conosco: Ela é a missionária que se aproxima de nós, para nos acompanhar ao longo da vida, abrindo os corações à fé com o seu afeto materno. Como uma verdadeira mãe, caminha conosco, luta conosco e aproxima-nos incessantemente do amor de Deus (EG 286).

As "Nossas Senhoras": Por meio dos diferentes títulos marianos, Maria compartilha as vicissitudes de cada povo que recebeu o Evangelho e entra a formar parte da sua identidade (EG 286).

Intercessora para a missão: Pedimos-lhe que nos ajude, com a sua oração materna, para que a Igreja se torne uma casa para muitos, uma mãe para todos os povos, e torne possível o nascimento de um mundo novo (EG 288).

Maria é mãe da Igreja. Como herdamos características físicas e afetivas de nossa mãe e pai biológicos, também recebemos de Maria, a partir da fé em Jesus Cristo, alguns traços e feições. Presente no meio do Povo, Maria é nossa mãe e amiga. Ícone feminino da Igreja, caminha e luta conosco. Faz-se próxima também, através dos diferentes títulos devocionais marianos, e intercede por nós na missão.

A título de conclusão

Maria guarda um especial vínculo com a Igreja, comunidade dos discípulos(as) missionários(as). Enquanto discípulos, somos eternos aprendizes. A vocação cristã, nas suas diversas formas e "estados de vida", inicia-se por um "sim" ao chamado divino, que é renovado e atualizado no correr da existência, até o momento do encontro definitivo com Deus, na comunhão dos Santos e Santas. A resposta ativa de Maria, após um processo de discernimento, inspira a todos os cristãos e cristãs. Enquanto missionários, associamo-nos a Jesus na causa de anunciar a boa nova do Reino de Deus. Então, novamente Maria nos inspira, como a mulher do serviço e da profecia.

A vida cristã comporta a vivência do mistério pascal. Com Cristo e a partir dele, provamos a cruz, a morte e os frutos da ressurreição. Junto à cruz está Maria, que persevera na fé e recebe a tarefa de ser a mãe da Igreja, de fazer parte daquilo que nos constitui. Em pentecostes, quando o Espírito é derramado sobre a comunidade, ela está presente para receber a plenitude da luz de Deus, iniciada na anunciação.

Olhando para Maria, descobrimos vários traços das nossas feições cristãs. Esse é o intento da reflexão teológica e pastoral, adotado por diferentes autores e correntes de pensamento. Como vimos, Von Balthasar traça um percurso original, para caracterizar o "princípio mariano da Igreja". Talvez nosso autor tenha construído um imponente e grandioso edifício teológico, mas se serviu de algumas estruturas frágeis, como categoria esponsal herdada da sociedade patriarcal. Mesmo assim, tocou em pontos centrais da "silhueta mariana" da Igreja, tais como a receptividade, a adesão incondicional à Palavra, a oferta de si, a contemplação, a docilidade ao Espírito e a relacionalidade.

Outros autores, seguindo também trilhas iluminadoras, preferiram abordar o tema do "rosto mariano da Igreja", de "uma Igreja com rosto mariano" (Emili Turú), e de um estilo mariano de evangelizar (Papa Francisco na *Evangelii gaudium*). Desvelaram-se outros componentes do vínculo de Maria com a comunidade eclesial. Dentre eles, as características do discipulado (ouvir, meditar e praticar a palavra), o peregrinar na fé, o serviço libertador aos pobres, o profetismo, a ternura e face materna de Deus manifestada no ser humano.

Que esta reflexão contribua para edificarmos a Igreja Povo de Deus, na diversidade de ministérios, serviços e estados de vida. Que o Senhor faça em nós maravilhas, como realizou em Maria. Concluímos com as palavras do Papa Francisco na Exortação Apostólica sobre a santidade:

> Maria viveu como ninguém as bem-aventuranças de Jesus. É Aquela que estremecia de júbilo na presença de Deus, Aquela que conservava tudo no seu coração e Se deixou atravessar pela espada. É a mais abençoada dos santos entre os santos, Aquela que nos mostra o caminho da santidade e nos acompanha. E, quando caímos, não aceita deixar-nos por terra e, às vezes, leva-nos nos seus braços sem nos julgar. Conversar com Ela consola-nos, liberta-nos, santifica-nos (GE 176).

REFERÊNCIAS

1. Irmão Afonso Murad, marista, é doutor em Teologia pela Pontifícia Universidade Gregoriana de Roma. Autor de vários artigos e capítulos de livros e vídeo didáticos da mariologia. Destaca-se em sua obra "Maria, toda de Deus e tão humana. Compêndio de Mariologia". São Paulo: Paulinas, 5ª edição, 2017. Blog: maenossa.blogspot.com Site: afonsomurad.com Email: murad4@hotmail.com

2. Uma introdução singela à vida e obra de Balthasar se encontra no vídeo amador *"Hans Urs Von Balthasar - Sua história e teologia"* in: <https://www.youtube.com/watch?v=IaMteTVGVzE> Para uma leitura panorâmica, recomenda-se o artigo de Renato Vieira: "Von Balthasar: Teólogo em diálogo com a cultura", *Atualidade Teológica*. PUC Rio, 2012, in: <https://www.maxwell.vrac.puc-rio.br/22306/22306.PDF>

3. VON BALTHASAR, H.U. *Maria para hoje*. São Paulo: Paulus, 2016.

4. VON BALTHASAR, H.U. A face mariana da Igreja, in: W. Beinert (org). *O culto a Maria hoje*. São Paulo: Paulinas, 1980, p. 305-321.

5. LEAHY, B. *O princípio mariano da Igreja*. São Paulo: Cidade Nova, 2005.

6. LEAHY, B. *O princípio mariano da Igreja*. p. 62

7. LEAHY, B. *O princípio mariano da Igreja*. p. 62. Na relação com Maria, Von Balthasar também aplica o princípio masculino a Cristo: "Maria é aquela subjetividade capaz de corresponder plenamente, em sua maneira feminina e receptiva, à subjetividade masculina de Cristo, pela graça de Deus e o envolvimento do Espírito divino. A Igreja que nasce de Cristo encontra em Maria seu centro pessoal e a realização plena de seu ideal eclesial. Em sua apertura feminina ao Esposo humano-divino, sua fé [...] é coextensiva com o princípio masculino de ministério e sacramento que está implantado na Igreja" (Sponsa Verbi, p. 163-164).

8. LEAHY, B. *O princípio mariano da Igreja*, p. 64, Von Balthasar, Teodramática III, p. 303-308.

9. Por exemplo, VON BALTHASAR, *El complejo antirromano*, p. 185-207.

[10] LEAHY, B. *O princípio mariano..*, p. 67.
[11] LEAHY, B. *O princípio mariano...*, p. 69.
[12] H.U. Von Balthasar, A face mariana da Igreja, p. 306.
[13] VON BALTHASAR, H.U. *A face mariana...*, p. 309, 311-312.314.
[14] VON BALTHASAR, H.U. *A face mariana...*, p. 317.
[15] VON BALTHASAR, H.U. *A face mariana...*, p. 318.
[16] Este é o argumento central que o autor utiliza para justificar que as mulheres não podem ter acesso ao ministério ordenado. Pois, segundo ele, longe de ser uma discriminação contra a mulher, tal proibição derivaria do reconhecimento de sua dignidade ímpar. A participação das mulheres no ministério eclesiástico eliminaria "o mistério dos sexos, em vez de levá-lo à sua tensão aberta e fecundidade completa" (VON BALTHASAR, H.U. *A face mariana...*, p. 318).
[17] VON BALTHASAR, H.U. *A face mariana...*, p. 321.
[18] VON BALTHASAR, H.U. Ensayos teológicos I: *Verbum Caro*. Madrid: Guadarrama, 1964, p. 260.
[19] VON BALTHASAR, H.U. Ensayos teológicos I: Verbum Caro..., p. 262, 266.
[20] VON BALTHASAR, H.U. *A face mariana...*, p. 320, 321.
[21] "Esta fecundidade prototípica se encontra em Maria de uma forma tão alta e tão radical, que ela realiza o que faz a Igreja: dá à luz a Cristo. Maria atua prototipicamente, ao conseguir que se encarne nela a Cabeça da Igreja, à qual em seguida fará nascer de si a esta" (VON BALTHASAR, H.U. *Sponsa Verbi*, p. 165).
[22] AGOSTINHO, De virgin. 6,6, Apud: VON BALTHASAR, H.U. *A face mariana da Igreja...*, p. 320.
[23] VON BALTHASAR, H.U. *Teodramática III*, p. 273.
[24] VON SPEYR, Adrienne. *Teología de los sexos*. Madrid: Ed. San Juan, sd. Disponível em: http://edicionessanjuan.es/pt/item/speyr-teologiadelossexos . "La Iglesia debe también mantener el paso del Señor, como la mujer debe tener cada vez una nueva disponibilidad para su marido" (p. 31). [Mas essa disponibilidade não é recíproca, pois diz respeito somente à mulher]. "El varón manifiesta particularmente a Cristo y, a través de Cristo, a Dios. En su semen, señala hacia el Hijo; en su poder, en su

potencia y en su disponibilidad, hacia el Padre" (p. 39). O texto fala por si....

25 VON BALTHASAR, H.U. *Il tutto nel frammento*. Jaca Book: Milano, 1972, p. 241-242.

26 VON BALTHASAR, H.U. *Teodramática III*. El hombre en Cristo. Madrid: Ed. Encuentro, 1993 (original alemão: *Theodramatik III*, 1978).

27 VON BALTHASAR, H.U. *Teodramática III*, p. 264.

28 "O homem é a palavra que chama, a mulher é a resposta que atende em seu tom, em uma mediação de mútua correspondência. (Essa) só adquire sua plenitude quando é compreendida, aceitada e devolvida como palavra" (*Teodramática III*, p. 264-265).

29 VON BALTHASAR, H.U. *Teodramática III*, p. 264-266.

30 Abundam nesse texto de Von Balthasar as expressões de cunho androcêntrico (machista), mesmo que depois sejam matizados, ao considerar a mulher "o princípio originário da espécie" humana (*Teodramática III*, p. 272). Mais um exemplo: "A mulher, como resposta e rosto, não é somente um encontro gozoso, mas também a ajuda necessária, o amparo (abrigo), o lar do homem, o vaso de plenitude modelado expressamente para ele" (*Teodramática III*, p. 265).

31 VON BALTHASAR, H.U. Apud: LEAHY, B. *O princípio mariano da Igreja*, p. 136.

32 Cf. VON BALTHASAR, H.U. "La epidemia antirromana", in: *Revista Comunnio* IV/1991, p. 284-291.

33 "Se se transpõe este evento (relação esponsal de Cristo e a Igreja) ao plano do Direito canônico, então o representante do ministério é, certamente, masculino e doador, e o leigo é feminino e receptor. Isso não significa que o clérigo seja mais e o leigo menos Igreja. É propriamente o contrário, pois a comunicação ativa é instrumental, enquanto que a recepção passiva é final e se encontra internamente orientada. Mais ainda, ela já está identificada em sua raiz com a atividade feminina de levar a semente, dar à luz e educar (VON BALTHASAR, H.U. *Sponsa verbi*, p. 162). Deve-se considerar que este texto foi publicado no original alemão em 1961, antes do Concílio Vaticano II. O autor posteriormente reconhecerá a importância dos leigos na

Igreja. Por exemplo: Nuovi punti fermi, p. 155-171 (Vi sono laici nella Chiesa?). Mas algo desta tensão entre o clero e o laicato permanece na sua obra.

34 JOHNSON, Elizabeth A. *Verdadera Hermana Nuestra. Teología de María en la comunión de los santos*. Herder: Barcelona, 2005.
35 JOHNSON, Elizabeth A. *Verdadera Hermana...*, p. 81-84.
36 VON BALTHASAR, H.U. *Maria para hoje*, p. 62.
37 JOHNSON, Elizabeth A. Verdadera Hermana..., p. 82. A teóloga não exagera. No breve comentário ao Magnificat, Balthasar chega a defender que "Maria não exalta a justiça de Deus, mas expressamente a sua misericórdia". Mais: "A humildade da serva, para a qual Deus se digna a olhar, é o local escolhido para todas as mudanças e conversões no mundo" (VON BALTHASAR, H.U., *Maria para hoje*, p. 60). O autor tende a projetar em Maria uma figura já predeterminada de "feminino", marcada por acolhida, receptividade, humildade, escondimento e submissão.
38 JOHNSON, Elizabeth A. *Verdadera hermana*, p. 84.
39 IMPERATORI-LEE, Natalia. "As armadilhas de uma teologia de gênero na Igreja". In: <http://domtotal.com/noticias/detalhes.php?notId=1097236> Acesso em 11/04/2019.
40 VON BALTHASAR, H.U. *Teodramática III*, p. 307. Nosso autor também faz certas "elocubrações teológicas" complexas, ao se servir da díade Cristo – Adão, e consequentemente, Maria – Eva. Segundo ele, o papel de Maria seria coextensivo ao de Cristo. Esse, "enquanto homem, precisa do complemento feminino, como o primeiro varão, e a ajuda feminina sai de seu lado como em Adão. Com a diferença essencial de que Cristo, enquanto Filho de Deus, continua sendo superior, sem necessitar de complemento. Pois a maternidade e a esponsalidade de Maria dependem da livre vontade de Deus. Além disso, a mulher que sai do homem adormecido na cruz (a imaculada) não é tanto um dom para a sua indigência, quanto o fruto de sua própria plenitude" (*Teodramática III*, p. 311-312)
41 VON BALTHASAR, H.U. *Teodramática III*, p. 323. O autor recorda que Maria é, ao mesmo tempo, uma pessoa concreta e um símbolo. E, infelizmente, serve-se de imagens androcêntricas,

ao dizer que ela é "o vaso (recipiente) no qual se derrama a substância do Filho, universalizada pelo Espírito Santo". E equipara a esposa ao vaso (recipiente).

[42] LEAHY, B. *O princípio mariano*..., p. 74-77.

[43] VON BALTHASAR, H.U. *El complejo antirromano*..., p. 315-332. Nosso autor desenvolve o esquema dos quatro princípios da igreja (pedrino, joanino, paulino e de Tiago), considerando-o como "o campo de forças apostólicas de primitiva Igreja" (VON BALTHASAR, H.U. *El complejo antirromano*..., p. 332). Todos se encontram em Cristo e se relativizam mutuamente (p. 315).

[44] Em várias línguas, Tiago é designado de outra maneira, como "Jakob" (alemão), Jack ou James (inglês), Jacques (Francês), Giacomo (italiano). Por isso, Von Balthasar usa o termo "princípio jacobino".

[45] LEAHY, B. *O princípio mariano*..., p. 74.

[46] VON BALTHASAR, H.U. *El complejo antirromano*..., p. 315. Nesta obra, o autor justifica a necessidade do princípio petrino na Igreja, que se traduz no ministério ordenado e no primado do Papa, usando um amplo leque de argumentos históricos e teológicos.

[47] Von Balthasar valoriza muito as "palavras proféticas" de místicos e videntes, pois ele mesmo foi influenciado pelas revelações particulares de Adrienne von Speyr. Ver: LEAHY, B. *O princípio mariano*..., p. 18-19.

[48] VON BALTHASAR, H.U. *El complejo antirromano*, Madrid: BAC, 1981, p. 226-229. LEAHY, B. *O princípio mariano*..., p. 75, 158-160.

[49] VON BALTHASAR, H.U. *Quem é cristão?* São Paulo: Novo século, 2004, p. 76-80, 63-67. A contemplação não consiste somente em rezar muito. Ela inclui "a resposta unitária do crente à Palavra de Deus; e entrega sem reservas a essa Palavra e a seus fins de redenção do mundo". VON BALTHASAR, H.U. *Quem é cristão?*, p. 65.

[50] VON BALTHASAR, H.U. *Só o amor é digno de fé*. Lisboa: Assírio & Alvim, 2008. Original em alemão: *Glaubhaft ist nur Liebe* (1963). O capítulo 10, intitulado "O amor como luz do mundo" está disponível em: <http://www.snpcultura.org/so_o_amor_e_digno_de_fe.html (na página do Secretariado

Nacional da Pastoral da Cultura de Portugal). Nesse capítulo Von Balthasar reitera que somente na redenção em Cristo o ser humano se torna plenamente inteiro e salvo. "É sobretudo o homem que se torna verdadeiramente ele próprio no apelo que lhe é dirigido: criado para este fim, chega inteiramente a si próprio como aquele que responde (a Deus)". A introdução da mesma obra, em espanhol, se encontra em: <http://www.sigueme.es/docs/libros/solo-el-amor-es-digno-de-fe.pdf> .

[51] VON BALTHASAR, H.U. *El complejo antirromano*, p. 315-316; LEAHY, B. *O princípio mariano*..., p. 76.

[52] VON BALTHASAR, H.U. *El complejo antirromano*, p. 317-318. Nosso autor ainda relaciona os quatro símbolos reais com os clássicos princípios de interpretação da Bíblia: (1) Tiago: história, o Jesus histórico, (2) Pedro: antropologia, sentido ético e disciplina eclesiástica, (3) João: anagogia, contemplação da eternidade já presente, (4) Paulo: alegoria, sentido pneumático, o Cristo da fé. VON BALTHASAR, H.U. *El complejo antirromano*, p. 318.

[53] VON BALTHASAR, H.U. *El complejo antirromano*, p. 316.

[54] VON BALTHASAR, H.U. *El complejo antirromano*, p. 320-321 ; LEAHY, B. *O princípio mariano*..., p. 136.

[55] VON BALTHASAR, H.U. *Teodramática III*, p. 329.

[56] VON BALTHASAR, H.U. Apud: LEAHY, B. *O princípio mariano*..., p. 126.

[57] LEAHY, B. *O princípio mariano*..., p. 137. VON BALTHASAR, H.U. *Teodramática III*, p. 323-324. O autor afirma ainda que "o sujeito eclesial se encontra incoativamente presente em Maria" e que essa, enquanto cumpre sua missão pessoal na entrega do Filho, pode ser chamada também "o centro pessoal da Igreja", p. 324.

[58] LEAHY, B. *O princípio mariano*..., p. 126-129.

[59] VON BALTHASAR, H.U. *Pneuma und Institution*, Johannes Verlag, 1974, p. 199, apud: LEAHY, B. *O princípio mariano*..., p. 145.

[60] LEAHY, B. *O princípio mariano*..., p. 76-77.

[61] VON BALTHASAR, H.U. *El complejo antirromano*. Integración del papado en la Iglesia universal. Madrid: BAC, 1981. Ver também o artigo "La epidemia antirromana" in: *Communio* ano 13, julho-agosto de 1991, p. 284-291, onde não se desenvolve o aspecto mariano.

[62] VON BALTHASAR, H.U. *El complejo antirromano*, p. 181-229.
[63] VON BALTHASAR, H.U. *El complejo antirromano*, p. 207.
[64] VON BALTHASAR, H.U. *El complejo antirromano*, p. 209.
[65] VON BALTHASAR, H.U. *El complejo antirromano*, p. 211
[66] VON BALTHASAR, H.U. *El complejo antirromano*, p. 212.
[67] VON BALTHASAR, H.U. *El complejo antirromano*, p. 213-215. Nestas páginas, o autor tenta livrar a figura paterna de Deus do estereótipo autoritário da cultura patriarcal. Ele acentua que o exercício petrino se realiza como um serviço (e não poder), em sintonia com a *communio* e o colégio episcopal.
[68] VON BALTHASAR, H.U. *Nuovi punti fermi*. Milano: Jaca Book, 1980, p. 181 (original alemão: Neue klarstellungen).
[69] E acrescenta JOÃO PAULO II, na nota 55 de *Mulieris Dignitatem*: "Este perfil mariano é tão fundamental e caracterizante para a Igreja quanto o perfil Apostólico e petrino, ao qual está profundamente unido. A dimensão mariana da Igreja antecede à petrina, embora lhe seja estreitamente unida e complementar. O tríplice múnus petrino visa formar a Igreja no ideal de santidade que já está pré-formado e prefigurado em Maria. Como bem disse um teólogo contemporâneo, Maria é "rainha dos apóstolos sem pretender para si os poderes apostólicos. Ela tem outras coisas e muito mais".
[70] VIEIRA RODRIGUES, Nelson Miguel. *Maria como princípio unificador na eclesiologia de Hans Urs Von Balthasar*. Dissertação em Teologia na Universidade Católica Portuguesa. Lisboa: 2014. In: <https://repositorio.ucp.pt/bitstream/10400.14/16697/1/Nelson%20Rodrigues.pdf>
[71] Ver: BORGES HACKMANN, Geraldo Luiz. "A imagem da esposa de Cristo na eclesiologia de Balthasar", in: *Horizonte*, Belo Horizonte, vol. 13, nº 37, p. 446-477, Jan./Mar. 2015.
[72] VON BALTHASAR, H.U. *Nuovi punti fermi*, p. 155-171 (Vi sono laici nella Chiesa?).
[73] Ver: AFONSO, Daniel. *A co-redenção mariana em H. U. Von Balthasar*. In: <http://www.academia.edu/2566027/A_co-reden%C3%A7%C3%A3o_mariana_em_H._U._von_Balthasar_a_co-reden%C3%A7%C3%A3o_mariana_em_H._U._von_Balthasar. As_mariofanias_seriam_uma_manifesta%C3%A7%C3%A3o_

da_coopera%C3%A7%C3%A3o_de_Maria_na_obra_da_salva%C3%A7%C3%A3o>

[74] Cf. SCHICKENDANTZ, Carlos. "Una forma de pensamiento central en la obra de Hans Urs Von Balthasar. La reflexión sistemática sobre la mujer y el femenino". *Revista Teología*. Buenos Aires. Tomo XLIV, nº 94, dez 2007, p. 523-549. O autor conclui: "existe sempre o perigo que, nestas construções de modelos fundamentais, se consolide uma polaridade à base de princípios abstratos que opacam a complexidade da vida. A falta de atenção aos aportes das ciências humanas, a ausência de consideração da classe social, do lugar geográfico, da condição étnica e racial, das situações e experiências vitais singulares, é sintomática neste tipo de pensamento", p. 549.

[75] VON BALTHASAR, H.U. "Sobre la alta dignidad de la mujer". *Communio*, nº 3 - octubre - noviembre 1982, in: <http://www.laici.va/content/dam/laici/documenti/donna/teologia/espanol/sobre-la-alta-dignidad-de-la-mujer.pdf>

[76] Cf. a reflexão da teóloga italiana Marinella PERRONI (Facoltà Sant'Anselmo, Roma). "Ritorno del principio mariano-petrino?" In: <https://www.queriniana.it/blog/ritorno-del-principio-mariano-petrino--291> Também há um texto da autora em português: "Princípio mariano - princípio petrino: quaestio disputanda?" *Revista IHU*, 28/09/2018. In: <http://www.ihu.unisinos.br/78-noticias/583194-sobre-a-formula-principio-mariano-principio-petrino-artigo-de-marinella-perroni>

[77] Por exemplo: o princípio paulino diz respeito essencialmente aos carismas e às manifestações místicas, como sustenta Von Balthasar, ou à missionaridade e à encarnação em diferentes culturas? O princípio de Tiago (jacobino) de enraizamento na tradição, constitui efetivamente um quarto princípio (dado que a atuação de Tiago praticamente desapareceu depois da destruição de Jerusalém), ou é uma característica complementar do princípio petrino na Igreja católica?

[78] TURÚ, Emili. *O rosto mariano da Igreja*. In: <http://www.champagnat.org/330.php?a=11a&id=20> Site do Instituto dos Irmãos Maristas, na página dedicada aos leigos.

[79] TURÚ, Emili. "Llamados a construir el rostro mariano de la Iglesia", na Circular dirigida a Irmãos e leigos maristas: "Nos dio el nombre de María", p. 29, Roma, 2012. In: <http://www.champagnat.org/510.php?a=5a&id=3868>

INDICAÇÕES BIBLIOGRÁFICAS

CONCÍLIO VATICANO II. *Constituição dogmática* Lumen Gentium, *sobre a Igreja*. In: <http://www.vatican.va/archive/hist_councils/ii_vatican_council/documents/vat-ii_const_19641121_lumen-gentium_po.html >

IMPERATORI-LEE, Natalia. "As armadilhas de uma teologia de gênero na Igreja". In: http://domtotal.com/noticias/detalhes.php?notId=1097236

JOHNSON, Elizabeth A. *Verdadera Hermana Nuestra*. Teología de María en la comunión de los santos. Barcelona: Herder, 2005.

LEAHY, Brendan. *O princípio mariano da Igreja*. São Paulo: Cidade Nova, 2005.

PAPA FRANCISCO. Exortação Apostólica *Evangelii Gaudium*. São Paulo: Paulinas, 2013.

PAPA JOÃO PAULO II. Carta Apostólica *Mulieris Dignitatem* (1988). Disponível em: http://w2.vatican.va/content/john-paul-ii/pt/apost_letters/1988/documents/hf_jp-ii_apl_19880815_mulieris-dignitatem.html

PAPA PAULO VI. Exortação Apostólica *Marialis Cultus* (1974). Disponível em: http://w2.vatican.va/content/paul-vi/pt/apost_exhortations/documents/hf_p-vi_exh_19740202_marialis-cultus.html

PERRONI, Marinella. "Princípio mariano - princípio petrino: quaestio disputanda?" *Revista IHU*, 28/09/2018. In: <http://www.ihu.unisinos.br/78-noticias/583194-sobre-a-formula-principio-mariano-principio-petrino-artigo-de-marinella-perroni>

PERRONI, Marinella. Ritorno del principio mariano-petrino? In: <https://www.queriniana.it/blog/ritorno-del-principio-mariano-petrino--291>

TURÚ, Emili. "Llamados a construir el rostro mariano de la Iglesia". In: *Circular dirigida a Irmãos e leigos maristas*: "Nos dio el nombre de María", Roma 2012. In: <http://www.champagnat.org/510.php?a=5a&id=3868>

TURÚ, Emili. "O rosto mariano da Igreja". In: <http://www.champagnat.org/330.php?a=11a&id=20>

VIEIRA, Renato. "Von Balthasar: Teólogo em diálogo com a cultura", *Atualidade Teológica*. PUC Rio, 2012, in: <https://www.maxwell.vrac.puc-rio.br/22306/22306.PDF>

VON BALTHASAR, Hans Urs . "La epidemia antirromana". In: *Revista Comunnio*, vol IV, 1991, p. 284-291.

VON BALTHASAR, Hans Urs. "A face mariana da Igreja". In: W. Beinert (org). *O culto a Maria hoje*. São Paulo: Paulinas, 1980, p. 305-321.

VON BALTHASAR, Hans Urs. *El complejo antirromano*. Integración del papado en la Iglesia universal. Madrid: BAC, 1981.

VON BALTHASAR, Hans Urs. Ensayos teológicos I: *Verbum Caro*. Madrid: Guadarrama, 1964.

VON BALTHASAR, Hans Urs. Ensayos Teológicos II: *Sponsa Verbi*. Madrid: Ed. Encuentro, 2001 (Original: Skizzen zur Theologie. B II: Sponsa Verbi, 1961).

VON BALTHASAR, Hans Urs. *Il tutto nel frammento*. Jaca Book, Milano, 1972.

VON BALTHASAR, Hans Urs. *Maria para hoje*. São Paulo: Paulus, 2016.

VON BALTHASAR, Hans Urs. *Nuovi punti fermi*. Milano: Jaca Book, 1980.

VON BALTHASAR, Hans Urs. *Quem é cristão?* São Paulo: Novo século, 2004.

VON BALTHASAR, Hans Urs. *Só o amor é digno de fé*. Lisboa: Assírio & Alvim, 2008.

VON BALTHASAR, Hans Urs. *Teodramática*. Vol. 3: *Las personas del drama*: el hombre em Cristo. Madrid: Ediciones Encuentro. 1993.

VON SPEYR, Adrienne. Teología de los sexos. Madrid: Ed. San Juan, sd. In: <http://edicionessanjuan.es/pt/item/speyr-teologiadelossexos>

Todos os acessos verificados em 03/11/2018

6
A VIRGEM MARIA NA TRADIÇÃO ORTODOXA
Uma leitura a partir de oriente

Pe. Gregório Teodoro[1]
Sacerdote da Igreja Ortodoxa Antioquina

Na *Liturgia ortodoxa*, especialmente na Divina Liturgia (Santa Missa), são feitas séries de litanias, as quais sempre se encerram com a comemoração à Virgem Maria: "Comemorando a Santíssima, Puríssima, Bendita e Gloriosa Senhora nossa, Mãe de Deus e sempre Virgem Maria, com todos os Santos, encomendemo-nos mutuamente, uns aos outros, e toda a nossa vida a Cristo Deus".

Tendo-se em vista a natureza didática e pedagógica da Liturgia, temos aqui *sete atributos da Santíssima Virgem*, sendo quatro em relação a ela mesma: santíssima, puríssima, bendita e gloriosa; um em relação a nós: Senhora nossa (lembrando que, no Império Bizantino, "Senhora" ("*Kyria*", "*Despota*", "*Despina*") era o título da imperatriz, razão de alguns ortodoxos preferirem o termo "soberana" a "senhora"); e dois em relação ao próprio Deus: Mãe de Deus e Sempre Virgem.

E entre litanias, uma das Antífonas (a primeira) evoca a Virgem como intercessora: "Pelas intercessões da Mãe de Deus, ó Salvador, salva-nos!"

Ainda na Liturgia Ortodoxa há sempre um hino específico à Mãe de Deus, chamado "Megalinarion", que deve ser sempre cantado, variando segundo o tempo litúrgico e a festa celebrada, sendo o mais usado o cântico: "É justo, em verdade, glorificar-te, ó Mãe de Deus! Sempre Bem-Aventurada e Imaculada Mãe de nosso Deus; mais venerável que os Querubins e mais gloriosa que os Serafins; que ilibadamente deste à luz o Verbo de Deus. Logo és verdadeiramente Mãe de Deus, e nós te glorificamos".

E sempre a Missa, a Divina Liturgia, é encerrada com a "Apolisis" própria, junto da porta real e dos ícones de Cristo e da Virgem que ali estão, na iconostase, rezando: "Glória a ti, ó Cristo Deus, esperança nossa, glória a ti! Ó Cristo, nosso verdadeiro Deus, pelas intercessões da tua puríssima e irrepreensível Santa Mãe..."

É típico do tempo da Quaresma nas Igrejas Ortodoxas a celebração, às sextas-feiras, do "Ofício do Akathistos", conhecido em português como os "Louvores da Virgem", no centro do qual está um belíssimo e poético hino litúrgico à Mãe de Deus.

Também na disposição dos santos ícones *na iconostase* ("parede" com ícones, separando o altar do restante da igreja) *dos templos ortodoxos* fica evidenciado o lugar de destaque dado a Nossa Senhora: ao lado direito (de quem olha) da porta régia ou real (que dá acesso diretamente ao altar) deve estar o ícone do Salvador, Jesus Cristo, e ao lado esquerdo deve estar o ícone da Theotokos – tal disposição é obrigatória, acrescentando-se os ícones do Precursor, São João Batista, e do padroeiro da igreja, ao lado dos de Cristo e da Virgem, respectivamente.

Igualmente a *iconografia ortodoxa* é pródiga em louvar e honrar a Virgem Santa, sendo o mais usual representá-la com o Filho nos braços ou junto dela de outra forma, destacando-se a crença em sua virgindade perpétua, evidenciada nas três estrelas em seu manto, uma em cada ombro e outra na fronte, declarando que ela foi virgem antes, durante e após o parto, a "Sempre Virgem".

Na *Teologia ortodoxa*, em sua divisão temática, não há, como acontece na Teologia ocidental, a "Mariologia", pois uma

6. A Virgem Maria na Tradição Ortodoxa

vez o que diz respeito à Virgem estar intrinsecamente relacionado à economia divina da salvação em Cristo, os eventos a ela relacionados estão também na área da Cristologia, uma vez o início de todo o mistério salvífico ter-se dado no Anúncio do Anjo a ela e na consequente Encarnação do Verbo.

Destaca-se a respeito da Virgem, nesse sentido, o fato de ser ela a "nova Eva", a mulher e mãe da nova humanidade redimida por seu Filho. A primeira Eva, pelo pecado, disse não a Deus (Gn 2), a nova Eva, na Anunciação (Lc 1), disse-lhe sim. Passa-se dos "filhos de Eva" no Antigo Testamento aos "filhos de Maria" no Novo. Em se tratando da primeira mãe, Eva, e da queda do ser humano no pecado, já no Gênesis se profetiza a figura e o papel de Maria como mãe do Salvador no texto que diz: *"Porei inimizade entre ti e a mulher, entre a tua descendência e o seu descendente. Este te ferirá a cabeça, e tu lhe ferirás o calcanhar"* (Gn 3, 15), razão de este trecho da Escritura ser chamado "Protoevangelho".

Mais arraigado na fé e práticas litúrgico-devocionais ortodoxas está o conceito da Virgem Santíssima como *Mãe de Deus*, título que lhe foi reconhecido no 3º Concílio Ecumênico, realizado em Éfeso no ano 431; Maria é a Mãe de Jesus Cristo, uma só pessoa, com duas naturezas (divina e humana) perfeitamente unidas, como esclarecido no mesmo Concílio, daí ser ela a *Theotokos*. É ela, ainda, o puríssimo e verdadeiro "Templo de Deus", santificado e habitado pelo Espírito Santo.

Mas pergunta-se, a respeito de Nossa Senhora, se na fé ortodoxa teria ela, afinal, nascido com ou sem pecado? Há, na Ortodoxia, a crença na "Imaculada Conceição"?

Primeiramente, deve-se dizer que não há, na Teologia Ortodoxa, o conceito de "pecado original". Tal doutrina, crida e ensinada no Ocidente cristão, deve a origem de sua formulação a Tertuliano (c. 160- c. 220 d.C.) e ao Bispo Agostinho de Hipona (354-430 d.C.)., que não influíram, nesse sentido, na Teologia da Igreja do Oriente.

Do ponto de vista Ortodoxo crê-se no "pecado ancestral" ("*hamartema*"), o pecado dos primeiros pais, pelo qual herdamos a pecaminosidade, a capacidade de pecar, mas não o pecado, posto que o pecado é sempre pessoal, cometido pela própria vontade e com liberdade.

A Virgem é, desde o anúncio angélico, "cheia de graça", e essa graça, teologicamente entendida (*kháris*), torna aquele que a recebe totalmente agradável aos olhos de Deus, pelo que o leva à "deificação" ("*theosis*"), a união com Deus.

Para encerrar, voltando à Liturgia, destacamos que, no tempo litúrgico ortodoxo, há 12 grandes festas, sendo quatro delas próprias da Virgem Maria: Natividade da Mãe de Deus (08/09); Entrada da Mãe de Deus no Templo (21/11); Anunciação à Mãe de Deus (25/03); e a Dormição ("*Koimêsis*") da Mãe de Deus (15/08). Esta última, a "Dormição", que celebra a glorificação, nos Céus, da Mãe de Deus após sua morte física, que grandemente influenciou a proclamação, pela Igreja irmã de Roma, do "dogma da Assunção da Virgem Maria" em 1950, nunca foi, contudo, um "dogma" da Igreja do Oriente, mas parte integrante de sua fé e devoção, vista como consequência da ressurreição de Cristo e antecipação da ressurreição geral.

Diante da Virgem Maria, a primeira cristã, nova Eva e Mãe de Deus, aclamamos:

"Ó Mãe de Deus, Gabriel, impressionado pela beleza de tua virgindade e pelo brilho resplandecente de tua pureza, exclamou; 'Que elogio digno de ti te oferecerei? Como te chamarei? Estou perplexo e fora de mim. Por isso, segundo a ordem que recebi, eu a ti clamo: Salve, cheia de graça'!" (do "Hino de Akathistos")

REFERÊNCIAS

[1] Sacerdote do Patriarcado Greco-Ortodoxo de Antioquia e todo o Oriente (Igreja Ortodoxa Antioquina). Assessor para o Ecumenismo e Pároco Coadjutor da Catedral Metropolitana Ortodoxa de São Paulo.

7
UMA IGREJA MARIANA NO MAGISTÉRIO DO PAPA FRANCISCO
Chaves de renovação para uma Igreja "em saída"

Lúcia Pedrosa-Pádua[1]
Teóloga leiga, Professora-Pesquisadora da PUC-Rio

A presença de Maria emerge com força no pontificado do Papa Francisco. Nela está o espírito da nova evangelização e a figura que pode ajudar a Igreja a adentrar num caminho novo de discipulado de Jesus. Os vários documentos aqui estudados nos colocam diante de um surpreendente itinerário para uma Igreja mariana, enraizada na Maria dos Evangelhos e na mãe de uma Igreja "em saída".

Dividimos este estudo em sete partes: colocamos o pano de fundo da questão, que é a renovação e transformação da Igreja queridas por Francisco; passamos pela inter-relação entre Maria, a Igreja e cada cristão; seguimos pelo estudo dos passos teológico-pastorais da reflexão mariana de Francisco; exemplificamos, por uma oração de Francisco, as dinâmicas de vida nova que Maria viveu em sua vida terrena e que hoje, no Espírito, ajuda a Igreja a viver; questionamos, com Francisco, qual imagem de Maria é a correta para uma verdadeira evangelização, para em seguida desaguar nos Rostos Marianos que o magistério do Papa Francisco propõe para a Igreja, a partir de cada grande documento do seu pontificado. Finalizamos com

a importante analogia que Francisco faz entre as circunstâncias do encontro da imagem de Aparecida e uma Igreja que sabe ser audaz e não teme colocar-se na lama para encontrar a seus filhos.
Iniciemos o itinerário.

1. Pano de fundo: a renovação da Igreja para uma Igreja "em saída"

O magistério do Papa Francisco deve ser visto na ótica do dinamismo renovador que ele busca imprimir na Igreja e que pode ser resumido na expressão "Igreja em saída"[2]. Todo o magistério e pontificado de Francisco nos falam de processos de transformação proféticos. A figura de Maria surge em coerência com este dinamismo. É fácil perceber como Francisco tem, nela, uma inspiração e uma aliada da renovação eclesial.

Podemos ressaltar alguns aspectos notórios do processo de renovação levado a cabo no atual pontificado.

Os pobres adquirem nova visibilidade, e têm, em Francisco, seu determinado aliado. E isto com gestos concretos e simbólicos. Lembremos a primeira viagem apostólica do seu pontificado, realizada à ilha de Lampedusa, ponto de passagem para milhares de imigrantes do Oriente Médio e do norte da África, que tentam chegar à Europa mas que, muitas vezes, encontram o naufrágio e a rota da morte. Em seu discurso, Francisco convidou ao despertar das consciências para fazer frente à "globalização da indiferença"[3] e chorou a morte daqueles por quem ninguém chora. Assim, visibilizou ao mundo que a Igreja está ao lado dos refugiados que buscam viver.

Os Movimentos Sociais são valorizados, particularmente, através da promoção de vários encontros mundiais dos movimentos populares com o Papa Francisco.[4] Tais encontros mostram a convicção do Bispo de Roma da centralidade da organização dos excluídos, dentro de um sistema cruel e excludente. Há confiança na organização e nas opções sociopolíticas dos que lutam por "terra, trabalho e teto".[5] A defesa da vida dos pobres não pode esperar pela boa vontade de um sistema injusto e idolátrico, no qual o ser humano é apenas um meio descartável[6] e as grandes decisões estão nas mãos de uma pequena casta de privilegiados, ou mesmo de intelectuais. No Encontro Mundial de 2016, Francisco chama os representantes dos movimentos populares de "semeadores de mudança" e de "poetas sociais", porque são "promotores de um *processo* para o qual convergem milhões de pequenas e grandes ações interligadas de modo criativo, como numa poesia".[7] Francisco não busca slogans, mas alternativas para pôr fim à globalização da indiferença. Para as transformações, a ação organizada dos pobres é essencial.

Francisco fala de desinstalação, de não acomodação no mundo conhecido. Chama a assumir o chamado de discípulo missionário. Fala de ação que orienta ideias; de processos novos em marcha, mais que de ocupação de espaços já conquistados.[8] Há um dinamismo juvenil em seu Pontificado, que convida a assumir riscos, a sair em direção às periferias existenciais, a "primeirear"[9], a tomar iniciativas, a confiar nos demais e nos caminhos do Espírito. Fala de uma Igreja mãe de coração aberto e de "portas abertas"[10] para todos, especialmente para os pobres. A Igreja é chamada a ser um "hospital de campanha"[11] que cura feridas, antes de fazer imposições e perguntas doutrinais.

Há uma nova mística no ar, a "fraternidade mística"[12], a mística de andar juntos e apoiar-nos, olhar nos olhos uns dos outros, ouvir, dialogar e avançar. Por isso, podemos reaprender a nos encontrar com Jesus com uma qualidade nova, não criadora de slogans, mas de vida nova.

Com relação ao laicato, há uma particular confiança e profundo respeito ao senso sobrenatural da fé de que todos são dotados, dos cristãos leigos e leigas ao Papa, e que capacita todos a discernir os caminhos da fé e do agir.[13] Isto leva o Papa a ver, em cada cristão, um "sujeito ativo da evangelização"[14] e o leva a um profundo respeito, tanto para com a piedade popular como para com as decisões sociopolíticas proféticas de grupos laicais.

Há uma verdadeira reverência diante do povo simples que busca caminhos de vida e com dificuldade. E há apelos particulares: que cristãos leigos e leigas não se restrinjam aos ministérios e carismas dentro da comunidade eclesial, mas que saiam a transformar o mundo, fermentando-o com os valores do Evangelho.[15] Ao mesmo tempo, que dilatem o coração e cultivem o espírito contemplativo.[16] Que tenham uma mística forte no encontro com Jesus Cristo, amor que nos salva,[17] e que abandonem falsas seguranças, mesmo as institucionais, doutrinais, litúrgicas e ações sociais[18]. Enfim, que sejam sujeitos de uma "Igreja em saída".

O convite, realizado com realismo e esperança, é para viver, de verdade, uma vida nova, a de quem tem fé viva, numa Igreja de mulheres e homens chamados a ser livres e criativos, a aprender a discernir e a amar. Homens e mulheres que se dispõem a dialogar e a se encontrar nos espaços públicos, pouco a pouco, de forma "artesanal"[19], com acertos e erros. Que reaprendem a conviver em família, com paciência e leveza. Que fortalecem relações entre esposos. Que aprendem a resistir nesta vida, com suas fadigas, sem perder a esperança e a fé. Uma vida nova que deseja mudança, conversão e abandono de hábitos destrutivos da convivência em família, entre os povos e com o planeta.[20]

Trata-se de um projeto grande, o de Francisco, que engrandece a Igreja e a humanidade e as enche de esperança. Claro, é preciso reconhecer que, para alguns setores que não desejam este dinamismo – pois este exige rever atitudes e posturas dominadoras, pautadas por privilégios, moralistas e fechadas ao diálogo, na Igreja e na sociedade – Francisco é fonte de temores e de resistências. Mas nós sabemos que ninguém para o rio da grande tradição da Igreja. O grande rio das grandes tendências eclesiais é alimentado pelo Espírito de Deus e correspondido por seu Povo, atento e sedento. Nos escritos de Francisco, ecoa a confiança, fundada em Deus e expressa na Encíclica *Laudato si'*, de que "sabemos que as coisas podem mudar. O Criador não nos abandona, nunca recua no seu projeto de amor, nem Se arrepende de nos ter criado"[21].

É dentro deste pano de fundo que podemos entender a figura de Maria e da Igreja mariana no Magistério do Papa Francisco. É nesta dinâmica de renovação da Evangelização que Maria é posta como "Mãe da Igreja evangelizadora"[22] e em saída. Quem melhor poderia haver, senão aquela que peregrinou na fé?

2. A inter-relação entre Maria, a Igreja e cada cristão

Francisco tem visto e feito ver, de maneira clara, em seu magistério, a inter-relação entre Maria, a Igreja e cada fiel. Entre eles há "uma ligação íntima"[23], de tal forma que o que se atribui à Igreja se aplica a Maria e o que se diz de Maria se aplica à Igreja e a cada cristão, pois todos geram Cristo, de diversas maneiras.

Na Exortação *Evangelii gaudium*, Papa Francisco cita textualmente um longo trecho do Beato Isaac da Estrela[24], como apoio à explicitação da inter-relação entre Maria, a Igreja e cada cristão:

> Nas Escrituras divinamente inspiradas, o que se atribui em geral à Igreja, Virgem e Mãe, aplica-se em especial à Virgem Maria [...]. Além disso, cada alma fiel é igualmen-

te, a seu modo, esposa do Verbo de Deus, mãe de Cristo, filha e irmã, virgem e mãe fecunda. [...] No tabernáculo do ventre de Maria, Cristo habitou durante nove meses; no tabernáculo da fé da Igreja, permanecerá até ao fim do mundo; no conhecimento e amor da alma fiel habitará pelos séculos dos séculos.[25]

Assim, Francisco desenvolve e reforça a intuição do Concílio Vaticano II que, ao estabelecer a relação entre Maria e a Igreja, utiliza a noção patrística de *tipo*.[26] No pensamento tipológico de Santo Ambrósio e Santo Agostinho, que o Concílio recolhe, Maria é *tipo* da Igreja, quer dizer, é ícone – figura e imagem – e exemplo.[27] Na lógica deste pensar, Clodovis Boff nos diz que Maria e a Igreja são como duas faces de um mesmo mistério e nos relembra a sugestiva expressão de Hugo Rahner, "Maria é a Igreja concentrada e a Igreja é Maria extensa".[28] Ela é a ideia realizada da Igreja santa.

A antiga afirmação da relação entre Maria e a Igreja nos mostra como a consciência eclesial viu, "no ser e na missão de Maria, traços fundamentais do ser cristão e do mistério da Igreja"[29]. Por isso, Maria adquire uma paradigmática densidade existencial para a vida dos cristãos, e a reflexão sobre ela desemboca em afirmações dogmáticas posteriores, profundamente enraizadas na fé dos fiéis.

Voltemos ao Papa Francisco. Em sua Exortação, ele reforça a "ligação íntima" entre Maria e a Igreja e ressalta, na Igreja, a pessoa de cada cristão. A ênfase está no fato de que há formas diversas de gerar o Cristo e de que a Igreja e cada cristão, como Maria, continuam a gerar Cristo.

Com efeito, os Evangelhos fazem nascer esta intuição. "Quem é minha mãe, quem são meus irmãos?", pergunta-nos Jesus nos Evangelhos sinóticos. Em resposta a esta pergunta, o Evangelho de Marcos narra-nos: "percorrendo com o olhar os que estavam sentados em círculo à sua volta, disse: 'Eis minha mãe e meus irmãos. Todo aquele que faz a vontade de Deus, esse é meu irmão, minha irmã, minha mãe'" (Mc 3,34-35). Também Mateus nos diz: "Mostrando com a mão seus discípulos, disse: 'Eis minha mãe e meus irmãos. Pois todo aquele que faz a vontade do meu Pai, que está nos céus, este é meu irmão, minha irmã, minha mãe'" (Mt 12,49-50). E ainda Lucas: "A minha mãe e os meus irmãos são os que ouvem a Palavra de Deus e a põem em prática" (Lc 8,21).

O que esses textos nos dizem? Sobre Maria, que ela, para além de ser a mãe biológica de Jesus, foi também aquela mulher que ouviu a Palavra de Deus e a pôs em prática e, assim, foi discípula perfeita, inclusive na maternidade. João vai além: Maria gera discípulos ao pedir, nas Bodas de Caná, que os serventes tenham a mesma atitude de escuta e prontidão que ela: "Fazei tudo o que Ele vos disser" (Jo 2,5).

E para nós? Os textos nos levam a dizer que os cristãos, como Maria, somos chamados a integrar a nova família de Jesus: somos seus irmãos, suas irmãs e sua mãe. Como mãe, a cada cristão é dado gerar, em si e nas comunidades, no Espírito, o Cristo. E o faz acolhendo em si a Palavra para que Ela se torne carne em sua vida. Ao mesmo tempo, cada cristão se coloca a serviço desta acolhida da Palavra viva nas comunidades e no mundo, a serviço da vida nova do Reino de Cristo. Esta nova vida implica viver as novas relações – com Deus, com os demais e com a natureza – que Jesus instaura e nas quais nos insere, ao ouvirmos e praticarmos sua Palavra. Desta forma, há um movimento de graça e resposta pelo qual, ao inserir-se em Cristo caminho, verdade e vida, dá-se uma transformação geradora de novas relações pessoais, comunitárias e sociais.

A Igreja, como povo de Deus gerador, deve viver e gerar uma nova realidade, uma vida nova de batizados, na qual há a passagem do "homem velho" ao "homem novo"

(Rm 6,1-14; Ef 4,22-24). Ao gerar filhos pelo Batismo, a Igreja gera um povo livre e libertado por Cristo, para n'Ele viver novas relações. Como Maria, que foi livre e libertada e que aprendeu a viver relações de amor e liberdade com seu filho e com todos, no Espírito.

Resumindo, o magistério de Francisco reafirma e reforça a relação íntima entre Maria, a Igreja e cada cristão e cristã. O que se diz de Maria, se diz da Igreja e de cada cristão, como exemplo e espelho. A figura de Maria é para nós paradigmática, incide em nós existencialmente, pelo amor. Assim entramos no ponto seguinte.

3. Passos da teologia mariana de Francisco: Maria dos Evangelhos inspira a inserção da Igreja numa dinâmica de vida nova, no Espírito

Nos escritos do Papa Francisco, a ligação, descrita acima, entre Maria, a Igreja e cada cristão cria e conduz a uma dinâmica de transformação; trata-se de uma ligação existencial, não exterior ou meramente ritual.

Para atender a esta dinâmica de transformação, os documentos do Papa Francisco seguem uma lógica constante, ou um encadeamento de reflexão composto pelos seguintes elementos:

1. Há um *ponto de partida concreto*: a vida do povo, do planeta, das famílias, da Igreja.

2. A *Maria dos Evangelhos* é contemplada em suas atitudes e ações, em sua vida terrena; são os referenciais da mãe de Jesus, da perfeita discípula, da missionária pronta a sair, da mãe de discípulos, da mãe que suplica o Espírito no início da Igreja; aqui são ressaltadas a forma de ser e agir de Maria e a teologia narrativa, neste olhar, ganha preferência.

3. Em seguida, há uma *ampliação projetiva* da realidade terrena, vivida por Maria, nos Evangelhos, para uma realidade universal, comunitária, eclesial e mesmo cósmica, própria da existência glorificada de Maria, a Mãe de Deus e própria da maternidade espiritual de Maria; seu testemunho terreno de acolhida do Espírito é então perpetuado no céu e a vida de Maria se apresenta como inspiração para uma existência nova.

4. Finalmente, há uma *indicação de caminhos de conversão*, reorientação e renovação da nossa vida concreta e terrena, como pessoas humanas e como Igreja, Povo de Deus, acompanhados pela Mãe.

Esse encadeamento reflexivo pode ser encontrado nos documentos maiores do Papa Francisco, nas homilias e discursos nos santuários marianos e outros. Entre os escritos, há uma oração que nos parece ilustrativa e paradigmática. Passemos a ela.

4. Uma oração paradigmática: o olhar, o coração, as mãos e os pés da Mãe Imaculada nos auxiliam na renovação do nosso olhar, coração, mãos e pés

Nesta ligação íntima entre Maria, a Igreja e cada cristão, Maria é ícone da pessoa transformada pelo Espírito. As orações do dia da Imaculada, que acontecem a cada ano no dia 8 de dezembro, mostram a interpretação do dogma da Imaculada como afirmação e confirmação de que a graça é mais forte do que o pecado e que Mãe Imaculada inspira e acompanha um novo mundo e uma nova forma de ser.

A oração de 2016 é paradigmática para vermos a lógica do Papa Francisco.[30] Vamos por partes.

Como sempre, e segundo a lógica descrita acima, Francisco tem *um ponto de partida*, ele parte do povo, com suas necessidades:

> Ó Maria, nossa Mãe Imaculada, no dia de tua festa venho a Ti, e *não venho sozinho*: Trago comigo todos aqueles que o teu filho me confiou, nesta cidade de Roma e em todo o mundo, para que Tu os abençoe e os salve dos perigos.
>
> Mas há a seleção de alguns grupos, há opções, e estas são os pobres e os que estão na base da vida: crianças, famílias e trabalhadores.
>
>> Trago a Ti, Mãe, *as crianças*, especialmente aquelas sozinhas, abandonadas, e que por isso são enganadas e exploradas.
>> Trago a Ti, Mãe, *as famílias*, que levam em frente a vida e a sociedade, com seu compromisso diário e escondido; especialmente as famílias que têm mais dificuldades, por tantos problemas internos e externos.
>> Trago a Ti, Mãe, todos *os trabalhadores, homens e mulheres*, e confio a ti especialmente quem, por necessidade, se esforça em realizar um trabalho digno e aqueles que perderam o trabalho ou não conseguem encontrá-lo.

Vemos, por esse texto, um papa atento aos males do mundo, de forma concreta e realista, contextualizada. A oração vai ao núcleo do que é mais básico e importante: filhos, convivência e sobrevivência-trabalho – todos atingidos pelo pecado do mundo.

Seguindo a oração, encontramos o segundo passo: *considerar a Maria dos Evangelhos* ou seja, Maria em sua humanidade, com seu olhar, coração, mãos e pés, que remetem à forma de ser e às atitudes concretas da mãe de Jesus, manifestadas nos Evangelhos. Representam uma humanidade que livremente acolheu a graça de Deus e deixou-se renovar pelo Espírito – sendo assim chamados de olhos imaculados, coração imaculado, mãos e pés imaculados.

A oração, em seguida, realiza o terceiro passo, a *ampliação projetiva*, que passa da vida concreta de Maria para um sentido universal e paradigmático, orientador de caminhos de conversão (quarto passo). Porque são olhos, coração, mãos e pés imaculados, podem inspirar em nós, hoje, na Igreja, um novo olhar, uma nova forma de amar, uma nova forma de agir e de caminhar na vida:

> Temos necessidade de teu *olhar imaculado, para reencontrar* a capacidade de olhar para as pessoas e as coisas com respeito e reconhecimento, sem interesses egoístas ou hipocrisia.
> Temos necessidade de teu *coração imaculado, para amar* de maneira gratuita, sem segundas intenções, mas buscando o bem do outro, com simplicidade e sinceridade, renunciando às máscaras e truques.
> Temos necessidade de tuas *mãos imaculadas, para* acariciar com ternura, para tocar a carne de Jesus nos irmãos pobres, doentes, desprezados, para levantar aqueles que caíram e sustentar quem vacila.
> Temos necessidade de teus *pés imaculados, para* ir ao encontro daqueles que não podem dar o seu primeiro passo, para caminhar nos caminhos de quem está perdido, para ir e encontrar as pessoas sozinhas.

A oração, então, ajuda-nos a ligar a vida de Maria à nossa vida e à da Igreja – que somos nós! Não uma ligação ritual, mas de amor, viva e que faz viver. O amor a Maria faz dela uma inspiração para a Igreja. Porque Maria viveu uma nova existência na terra, ela agora acompanha e cuida, no céu, desta vida nova em seus filhos.

Em seguida, há um agradecimento à Mãe, por ser ela um sinal tão eloquente da força do amor de Deus revelado em Jesus Cristo, no Espírito. Trata-se de uma breve e bela explicitação teológica do significado do dogma da Imaculada em chave trinitária:

> Nós te agradecemos, ó Mãe, porque mostrando-se a nós livre de qualquer mancha de pecado, Tu nos recordas

que antes de tudo existe *a graça de Deus*, existe *o amor de Jesus Cristo* que deu a vida por nós, existe *a força do Espírito Santo* que tudo renova.

A oração finaliza com um desdobramento do quarto passo, um pedido de encorajamento e confiança para deixar-nos renovar. O Papa, sábio e teólogo, sabe que a conversão só é possível mediante a acolhida livre da vida nova, no nível pessoal, comunitário e social, o que significa empenho e cooperação:

> Faz que não cedamos ao desencorajamento, mas, confiando na tua constante ajuda, nos *empenhemos a fundo para renovar nós mesmos, esta Cidade e o mundo inteiro*. Reza por nós, Santa Mãe de Deus.

5. Um forte questionamento: "Qual Maria?"

Na viagem do Papa Francisco a Fátima, Portugal, por ocasião do Centenário das aparições da Virgem Maria na Cova da Iria, aos pastorzinhos Francisco, Jacinta e Lúcia, chama a nossa atenção a Saudação do Papa aos peregrinos, na capelinha das aparições.[31]

Ali, Francisco faz um questionamento surpreendente sobre a imagem de Maria que os peregrinos têm em mente. Afirma que os peregrinos são peregrinos com Maria, mas questiona: "Qual Maria?". Esta pergunta é, na verdade, endereçada a todo o povo de Deus. O grande problema apontado, como veremos, é a desvinculação da figura de Maria daquela Maria dos Evangelhos.

As imagens de Maria podem ser bem diferentes. O Papa pergunta: Maria é "uma 'Mestra de vida espiritual', a primeira que seguiu Cristo pelo caminho 'estreito' da cruz, dando-nos o exemplo, ou seria uma Senhora 'inatingível' e, consequentemente, inimitável?". Observemos a intencionalidade de relacionar Maria com os Evangelhos, não apenas com a Senhora do Céu, para que, de fato, ela seja modelo inspirador a ser imitado. Como ela pode ajudar a conduzir uma nova evangelização a partir de dentro da vida concreta, se é "inatingível"? Se ela é "inimitável", como pode inspirar nossas ações e gerar confiança para caminhar?

O questionamento continua, forte: a Maria invocada pelos peregrinos é a "'Bendita por ter acreditado' (cf. Lc 1,42.45) sempre e em todas as circunstâncias nas palavras divinas, ou uma 'Santinha' a quem se recorre para obter favores a baixo preço?". O contraste do questionamento não poderia ser mais claro. Maria é a mulher dos Evangelhos, cujo testemunho anima nossa fé, e não uma figura mitológica a quem recorrer, a "baixo preço".

Ainda outro questionamento: Maria é a

> Virgem Maria do Evangelho venerada pela Igreja orante, ou uma esboçada por sensibilidades subjetivas que a veem segurando o braço justiceiro de Deus pronto a castigar: uma Maria melhor do que Cristo, visto como Juiz impiedoso; mais misericordiosa que o Cordeiro imolado por nós?

O erro de considerar Maria mais misericordiosa do que Cristo – este seria impiedoso – é claramente mencionado pelo Papa Francisco. Trata-se de um erro que exige purificação, pois valoriza Maria ao desvalorizar o próprio Cristo. Ora, se Jesus é mais impiedoso que Maria, como ela poderia conduzir ao discipulado de Jesus? Simplesmente não poderia. Nenhum medo ou temor é compatível com a fé cristã e com a vida de Maria. A força de Maria é a força do Evangelho.

O pior na devoção mariana é desvinculá-la dos Evangelhos! Desencarnar e manipular Maria. Esta não é verdadeira devoção.

6. Rostos marianos da "Igreja em saída"

Tendo visto elementos da teologia mariana de Francisco, olhemos agora para os grandes documentos do seu magistério, suas Exortações e Encíclica. Em cada um deles, Maria é mencionada com força. Em cada um, inspira uma faceta do rosto mariano da Igreja em saída. Em todos eles, é possível perceber a centralidade da figura de Maria nos Evangelhos, a partir da qual é possível descobrir os caminhos marianos da Igreja. Em seguida, veremos cada um destes documentos, que constituem cinco rostos complementares e coerentes de uma Igreja mariana.

6.1. Primeiro rosto

> Uma Igreja mariana vive a fé como Maria: um envolvimento progressivo com Jesus que leva a olhar a realidade com o olhar do seu filho (Encíclica *Lumen fidei*).

Na Carta Encíclica *Lumen fidei* (2013), Maria é o "ícone perfeito da fé". Em Maria, tem cumprimento a longa história de fé do povo do Antigo Testamento, a começar por Sara. Mulheres que eram, juntamente com os Patriarcas, o "lugar onde a promessa de Deus se cumpria e a vida nova desabrochava"[32]. Em Maria, a Palavra de Deus recebe acolhida integral, de todo o seu ser. Nela, a Palavra frutifica; nela, a fé se desenvolve e amadurece. No espírito do Vaticano II, Maria é vista como aquela que realiza a "peregrinação da fé", seguindo o seu Filho. Maria se envolve totalmente em sua confissão de fé, com todo o seu ser e durante toda a sua vida. Há um processo de amadurecimento que floresce e dá frutos.

Assim, na *Lumen fidei*, Maria é colocada totalmente em relação ao seu Filho. Ela é aquela que entrou "no olhar próprio do Filho de Deus encarnado"[33], viu com os olhos do seu filho, e ele foi luz para o seu caminhar; por outro lado, sendo mãe, acompanhou-o do nascimento à cruz, de onde sua maternidade se estende a todo discípulo do Filho. **Por isso**, ela pode ensinar-nos este envolvimento integral com Jesus, que amadurece no caminhar, no amor, na cruz, na alegria da ressurreição. Pode nos ensinar a ver com os olhos de Jesus, para que Ele seja luz no nosso caminho – e este olhar é o olhar da fé que ilumina a vida. Assim finaliza a bela oração final do documento.[34]

Observemos, nessa Encíclica, a fina observação do envolvimento de Maria com o seu filho, a partir da Maria dos Evangelhos. A projeção universal de sua ação, na Igreja, consiste em ensinar-nos este envolvimento. As afirmações sobre Maria estão enraizadas na contemplação da vida terrena de Maria. Aqui, já se nota o encadeamento lógico da teologia mariana de Francisco.

6.2. Segundo rosto

> Uma Igreja mariana evangeliza com "estilo mariano": fé que amadurece nos dias e nas noites, articulação entre "justiça e ternura" e "contemplação e caminho" (Exortação *Evangelii gaudium*).

Na Exortação Apostólica *Evangelii gaudium*, documento que lança a Igreja a uma nova evangelização, Maria é evocada como Mãe da Igreja Evangelizadora. O documento reforça ainda que, sem ela, não é possível conhecer o espírito da nova evangelização.[35]

Maria é a mãe que Jesus quis deixar à sua Igreja, como dom. Sua mãe nos é doada como nossa mãe (Jo 19,28). E este dom é realizado na cruz, que, no Evangelho de João, é o momento da nova criação. Ali, Jesus deixou-nos Maria, que pode ser vista como "ícone feminino" da Igreja. Há uma ligação íntima entre Maria, a Igreja e cada fiel, como já vimos acima. Maria é a mãe inspiradora da nova criação, pois gerou a Cristo e viveu a vida nova no Espírito. Da mesma forma, a Igreja e cada fiel são chamados a viver e gerar a vida nova quando levam a Cristo, como tabernáculo.[36]

Maria é aliada da vida transformada, que inspira cada cristão a também ser aliado de uma novidade de vida. Como? Papa Francisco alude aos Evangelhos: ela é aquela que sabe transformar um curral em uma casa de Jesus,[37] "com uns pobres paninhos e uma montanha de ternura"; é a serva humilde que sabe explodir em louvor; é a amiga solícita para que não falte o vinho; é solidária porque sabe o que é ter o coração trespassado pela espada. Como Mãe de todos – aqui Francisco passa para a ampliação à dimensão universal – Maria é "sinal de esperança para os povos que sofrem as dores do parto até que germine a justiça"; é missionária que abre os corações à fé; é quem caminha e luta conosco aproximando-nos do amor de Deus; é a que se identifica historicamente com os vários povos.[38]

Como "Estrela da nova evangelização"[39], Maria:

a) Imprime o seu testemunho de fé, que amadurece nos dias e nas "noites escuras", ou seja, nos momentos de claridade e nos momentos de cansaço e aridez, a indicar que é preciso avançar na fé, "guardar tudo no coração" e mergulhar no mistério, para discernir e, quem sabe, compreender mais tarde.[40]

b) Imprime um "estilo mariano"[41] na atividade evangelizadora da Igreja: um dinamismo espiritual que articula "justiça e ternura" e também "contemplação e caminho". O Papa Francisco chama de "estilo mariano" a forma de articular dimensões de mística e profecia, oração e ação, que ele deseja na espiritualidade do evangelizador que fará realidade a "Igreja em saída". Vejamos as principais articulações marianas propostas na *Evangelii gaudium*:

– *Justiça e ternura*: Maria articula a *justiça*, como nos evidencia seu grito no Magnificat – ela louvava a Deus porque Ele "derrubou os poderosos de seus tronos" e "mandou embora os ricos de mãos vazias" (Lc 1,52.53) – com a *ternura-afeto-humildade*, que "assegura o aconchego de um lar", humaniza o mundo e, longe ser uma fraqueza, é, ao contrário, característica revolucionária dos fortes[42];
– *Contemplação e caminho*: Maria articula o espírito contemplativo, que possibilita "reconhecer os vestígios do Espírito de Deus" tanto nos grandes acontecimentos como nos acontecimentos aparentemente imperceptíveis, com a prontidão para caminhar, pois ela sai "apressadamente" (Lc 1,39) de sua terra para ir ajudar os outros – por isso ela é Senhora da Prontidão.

Por isso, por esta dinâmica articuladora vivida na história, Maria pode ser um modelo eclesial para a evangelização, para que a Igreja se torne "uma casa para muitos, uma mãe para todos os povos e torne possível o nascimento de um mundo novo".[43]

A oração final da Exortação[44] pede à Virgem Mãe Maria ajuda a um novo "sim" da Igreja, para que essa trabalhe com um "novo ardor de ressuscitados para levar a todos o Evangelho da vida que vence a morte", com "santa ousadia" para buscar caminhos novos e com "paixão para instaurar o Reino". Ela é a Estrela da nova evangelização que inspira à Igreja a comunhão, o serviço, a fé ardente e generosa, a justiça e o amor aos pobres, para que a alegria do Evangelho chegue a todos. Ela é a "Mãe do Evangelho vivente, manancial de alegria para os pequeninos".

6.3. Terceiro rosto

Uma Igreja mariana se posiciona diante do mundo ferido: se compadece do sofrimento dos pobres e de todas as criaturas, cuida, reorienta a atitudes mais sábias, com perspectiva de mudança e esperança (Encíclica *Laudato si'*).

Na Encíclica *Laudato si'*, Maria é a "Mãe e Rainha de toda a criação"[45].
Por quê?
Porque sua atuação na vida terrena se abre para o futuro glorificado da criatura. O corpo glorificado de Maria, juntamente com Cristo ressuscitado, representa parte desta criação que alcançou a plenitude da realização e da beleza. Há, neste título, em coerência com a teologia de Francisco, vista acima, uma ampliação universal da atividade terrena de Maria que é contemplada nos Evangelhos: tendo cuidado de Jesus, cuida agora do mundo ferido; tendo chorado com o sofrimento e morte do filho, ela agora se compadece do sofrimento dos pobres e das criaturas deste mundo exterminadas pelo mal uso do poder humano; tendo guardado no coração a vida de Jesus (Lc 2,51), compreende agora o sentido de todas as coisas.

Por isso podemos pedir a Maria que nos ensine a contemplar este mundo com mais sabedoria, no sentido de perceber os caminhos do cuidado e compaixão pelo mundo, bem como o princípio de misteriosidade que acompanha toda a criação. **Por isso**, ela antecipa a esperança de toda a criação, de viver a plenitude doada na ressurreição de Cristo.

Nesta Exortação, a figura de José é também evocada, na mesma lógica da figura de Maria, passando da sua personalidade e atitudes expressas nos Evangelhos à sua exemplaridade universal. José, nos Evangelhos, é trabalhador, presença generosa, exemplo de cuidado e defesa de Maria e Jesus. Livrou-os da violência com atitudes corajosas e concretas. É homem justo e forte, ao mesmo tempo que terno, serviçal e humilde. Esta articulação entre coragem, cuidado, humildade e ternura é fonte de força verdadeira, evangélica e revolucionária. Por isso, também ele, como Maria, pode nos "ensinar a cuidar, pode motivar-nos a trabalhar com generosidade e ternura para proteger este mundo que Deus nos confiou"[46].

6.4. Quarto rosto

Uma Igreja mariana valoriza o amor humano e as relações familiares: com espírito de realismo, ajuda as famílias a descobrirem os sinais de Deus nos acontecimentos familiares e a caminhar como sujeitos do projeto do Reino (Encíclica *Amoris laetitia*).

Na Encíclica sobre o amor humano, *Amoris laetitia*, Maria é a esposa de José e compõe, com Jesus, a sagrada família. Na contemplação desta família exemplar, as famílias são chamadas a ser pequenas igrejas domésticas.

Com José, Maria educa seu filho Jesus, e também aprende dele que existem laços mais profundos que os laços biológicos a unir uma família, que dizem respeito à centralidade do Reino de Deus. Assim, mostram que os filhos não são propriedade dos pais, mas possuem uma vocação própria.[47]

Com relação à maternidade, a atitude alegre de Maria pode ajudar as mulheres grávidas a viver este momento sem obsessões e com espírito de louvor – minha alma glorifica o Senhor e meu espírito se alegra![48]

A família de Nazaré é apresentada como um ícone de todas as famílias. Assim como Maria, José e o Menino viveram a perseguição de Herodes, assim também muitas famílias vivem seus acontecimentos desafiadores, mesmo trágicos e com perseguição violenta. Como a família de Nazaré, são exortadas a viver, "com coragem e serenidade, os desafios familiares tristes e entusiasmantes, e a guardar e meditar no coração as maravilhas de Deus (cf. Lc 2,19.51)"[49]. E, como os magos, são chamadas a contemplar o Menino e sua Mãe e adorá-lo (cf. Mt 2,11).

Maria, nos diz o Evangelho de Lucas, guardou em seu coração os acontecimentos da vida de seu filho Jesus. Hoje, em sua vida gloriosa, guarda em seu coração todos os acontecimentos das famílias de seus filhos. **Por isso**, ela pode ajudar cada família a reconhecer os sinais de Deus nos acontecimentos familiares.[50]

A oração à Sagrada Família, com que a Encíclica finaliza, reconhece como ali foi vivido o "verdadeiro amor", em seu esplendor.[51] Mas não antes de reconhecer que as famílias vivem na tensão, no caminhar, de forma imperfeita. Por isso, é pedido, por sua intercessão, que as famílias sejam "lugares de comunhão", "cenáculos de oração", "escolas do Evangelho, "pequenas igrejas domésticas". Um pedido especial é feito: o da superação, consolo e rápida cura dos episódios de violência, fechamento e divisão. Finaliza com o pedido de maior consciência do caráter sagrado e inviolável da família e da importância destas no "projeto de Deus".

6.5. Quinto rosto

> Uma Igreja mariana busca a santidade: como Maria, vive a atitude contracorrente das bem-aventuranças, testemunha alegria, constrói comunhão, discerne os caminhos de Deus, sustenta a esperança dos pobres e sofredores, não deixa ninguém caído, não julga (Exortação *Gaudete et Exsultate*).

Na Exortação sobre a chamada à santidade no mundo atual, *Gaudete et exsultate*, a figura de Maria é descrita como "a mais abençoada dos santos entre os santos"[52].

Nada de romântico ou etéreo acompanha esta santidade. Os Evangelhos nos fazem ver Maria como aquela que "viveu como ninguém as bem-aventuranças de Jesus", aquela forma de vida contracultural, ou "contracorrente", só possível com a força do Espírito, que "liberta do egoísmo, da preguiça e do orgulho"[53]. Viver as bem-aventuranças é sinal da fidelidade a Deus e da força do Espírito em Maria.

Sua santidade foi vivida não de forma isolada, mas de maneira comunitária, na vida simples da família, composta por pequenos detalhes diários. Foi assim que a vida no lar, com Jesus e José, foi um reflexo paradigmático da beleza da comunhão trinitária.[54]

Alegria verdadeira e jubilosa distinguiu a santidade de Maria, não o espírito retraído ou tristonho, com o qual alguns identificam a mãe do Senhor. Ao contrário, Maria foi aquela que "estremecia de júbilo na presença de Deus".[55] Soube descobrir a novidade trazida por Jesus e cantar esta presença com alegria (cf. Lc 1,47).

Maria, ao conservar tudo no seu coração, mostrou sua dimensão orante, silenciosa, reflexiva, paciente e discernidora, características da santidade para os dias atuais. E, ao deixar-se "atravessar pela espada"[56], manifestou a firmeza interior de quem é capaz de suportar as contrariedades, mesmo as injustiças e humilhações, sem revidar violentamente ou mostrar-se superior, e sem perder a esperança e a fé ativas que pedem o Espírito, como em Pentecostes, e recomeçam a comunidade.[57]

Por isso, como Mãe, Maria "nos mostra o caminho da santidade e nos acompanha. E, quando caímos, não aceita deixar-nos por terra e, às vezes, leva-nos nos seus braços sem nos julgar"[58]. E é possível "conversar com ela", como forma de consolo, libertação e santificação, sem muitas palavras, sussurrando "uma vez e outra: 'Ave, Maria...'"[59].

7. Aparecida

> A Mãe que se deixa encontrar na lama do rio indica à Igreja um caminho discipular de serviço e humildade.

Um dos discursos mais contundentes de Francisco diz respeito a N. Sra. Aparecida. Trata-se do importante discurso aos bispos do CELAM, em maio de 2017.[60] Ali, Francisco lembrou como Nossa Senhora Aparecida nos "submerge em um caminho discipular".

Para Francisco, a narrativa do encontro da imagem de Nossa Senhora da Conceição Aparecida é uma escola que estabelece orientações para o discípulo e para uma Igreja discípula. E sobre isto, Francisco destaca três aspectos.

O primeiro aspecto diz respeito aos *pescadores*, um pequeno grupo que enfrentava o trabalho diariamente e, ao mesmo tempo, a incerteza do bom resultado da pesca. Homens responsáveis por levar o alimento a suas famílias, conhecedores da generosidade do rio, mas também conscientes da imprevisibilidade da pesca e da agressividade do transbordamento dos rios.

Esses pescadores, diz Francisco, vivem como tantos trabalhadores que saem para ganhar a vida, com longas jornadas de trabalho, sem ter controle sobre os resultados e, ainda menos, sujeitos à "inclemência gerada por um dos pecados mais graves que golpeiam o nosso continente: a corrupção, essa corrupção que arrasa vidas submergindo-as na mais extrema pobreza". De forma análoga aos pescadores, os trabalhadores enfrentam o "transbordamento" de muitos que não precisam, como eles, sair para trabalhar, mas que, sem embargo, geram situações de violência e precariedade. Os pescadores representam os humilhados da terra.

Podemos observar como Francisco valoriza a situação existencial do povo pobre, que busca Maria, e pede que se valorize a força do povo que luta pela vida.

O segundo aspecto importante da narrativa de Aparecida é a *Mãe* que se faz próxima. O Papa Francisco observa como Maria conhece a vida dos seus filhos e os espera no rio, envolta na lama. Não está longe, mas no meio das lutas e buscas de seus filhos, sem medo. Ela "submerge com eles nos avatares da história", no meio da vida e tudo faz para renovar a esperança, sem temer sujar-se de lama.

Observemos como o Papa Francisco vê em Maria a discípula de Jesus. Assim como, em Jesus Cristo, Deus se abaixa e esvazia de sua glória para assumir em tudo a humanidade, também Maria, perfeita discípula, "desce" e "entra" na realidade do povo e, indo além, "submerge" no espaço onde estão os que mais precisam, "suja-se" com as realidades carentes de salvação, para ali levar Jesus, suscitar transformação e redenção.

Observemos como, aqui, o Papa Francisco vê em Maria, na representação da imagem de Aparecida, o protótipo do discípulo que não se acomoda, mas adota uma atitude de "saída" da própria autorreferencialidade, tal como havia descrito na Exortação *Evangelii gaudium* que, neste discurso, volta a repetir:

> Prefiro uma Igreja acidentada, ferida e enlameada por ter saído pelas estradas, a uma Igreja enferma pelo fechamento e a comodidade de se agarrar às próprias seguranças. Não quero uma Igreja preocupada com ser o centro, e que acaba presa num emaranhado de obsessões e procedimentos. Se alguma coisa nos deve santamente inquietar e preocupar a nossa consciência é que haja tantos irmãos nossos que vivem sem a força, a luz e a consolação da amizade com Jesus Cristo, sem uma comunidade de fé que os acolha, sem um horizonte de sentido e de vida. Mais do que o temor de falhar, espero que nos mova o medo de nos encerrarmos nas estruturas que nos dão uma falsa proteção, nas normas que nos transformam em juízes implacáveis, nos hábitos em que nos sentimos tranquilos, enquanto lá fora há uma multidão faminta e Jesus repete-nos sem cessar: "Dai-lhes vós mesmos de comer" (Mc 6, 37).[61]

O último aspecto ressaltado por Francisco é o *encontro*. As redes não se encheram de peixes, "mas de uma presença que lhes preencheu a vida e lhes deu a certeza de que não estavam sós em suas buscas e lutas", representada na pequena imagem de Maria. Aqueles homens a limparam e restauraram. Em seguida a levaram a uma casa, onde permaneceu muitos anos. Para lá acorriam outros pescadores e famílias; gerou-se uma comunidade.

Assim, o Papa Francisco ressalta a ideia de que Maria ensina à Igreja e a cada discípulo a esperar os filhos ali onde eles estão, na resistência e na luta pela vida e ali fazer-se presença. É ali que encontramos uma presença que nos diz que não estamos sozinhos e que a bondade e a força de Deus nos alcançam. As circunstâncias do encontro de Aparecida ensinam aos discípulos a necessidade de entrar na "lama" da existência, se preciso, para alcançar os seus filhos, especialmente os que mais necessitam.

A dinâmica de Maria é a dinâmica dos seguidores do Deus *kenótico*, que se esvazia de sua glória e que, em Jesus Cristo, entra na fragilidade humana, pelo *sim* de Maria. Faz-se escravo da humanidade, desce à situação do mais pobre e humilhado, faz-se "carne de pecado" (Rm 8,3) em solidariedade a nós, para abrir-nos assim um caminho novo e oferecer uma vida nova. Esta é a dinâmica que cada discípulo e toda a Igreja são chamados a seguir.

O rosto mariano da Igreja é, então, *kenótico*, esvaziado da honra e glória divinas, esquecido de sua autorreferencialidade e privilégios. Uma Igreja servidora, como Maria; sem privilégios de mãe, como Maria; discípula de Jesus, como Maria; pronta para sair, como Maria.

Conclusões

1. O rosto mariano da Igreja de Francisco só pode ser delineado e compreendido tendo por pano de fundo a renovação da Igreja que Francisco implementa com intencionalidade e vigor, para superar uma Igreja acomodada e autorreferenciada, e ser uma

Igreja "em saída". A figura de Maria alenta a vida nova e a renovação eclesial.
2. Francisco reforça e aprofunda a ideia conciliar de que há uma ligação íntima entre Maria, a Igreja e cada cristão. A relação não é externa, mas existencial e inspiradora de transformação. A Igreja e cada cristão deixam-se inserir numa dinâmica de vida nova, possibilitada pelo Espírito, da qual Maria é exemplo vivo e paradigmático. Por isso, a Igreja e cada cristão olham uma e outra vez para as atitudes e opções de Maria nos Evangelhos e se deixam inspirar por ela.
3. A teologia mariana de Francisco segue quatro passos, que levam a estabelecer a relação entre Maria, a Igreja e cada cristão.
   – parte de uma *situação concreta*: a vida do povo, do planeta, das famílias, da Igreja;
   – contempla a *Maria dos Evangelhos* em suas atitudes, ações e situações, a partir de uma teologia narrativa que adentra a situação existencial da mãe de Jesus, a mulher do sim à vida do Espírito;
   – amplia a realidade terrena, vivida por Maria, narrada nos Evangelhos, para uma realidade universal, comunitária, eclesial e mesmo cósmica, própria da existência glorificada de Maria, a Mãe de Deus, e própria da maternidade espiritual de Maria;
   – *indica caminhos* de reorientação da vida pessoal, das comunidades e da Igreja
4. A oração à Imaculada gera movimento de conversão e mostra bem a lógica da teologia mariana de Francisco. Tendo em mente as crianças, as famílias e os trabalhadores desempregados, o Papa convida a contemplar o olhar, o coração, as mãos e os pés imaculados

de Maria. Assim, integra a forma de ver a vida (olhar), sentir (coração), atuar (mãos) e caminhar (pés) da mãe de Jesus. Pede sua intercessão para ajudar sua Igreja e cada cristão a renovarem o seu modo de olhar, sentir, atuar e se mover pelo mundo. Pede também abertura para que os cristãos se deixem renovar.
5. A imagem de Maria deve ser purificada. O Papa Francisco questiona a visão que se tem de Maria, desvinculando-a dos Evangelhos. Maria é a 'Mestra de vida espiritual', a primeira a seguir a Cristo pelo caminho estreito da cruz, dando-nos o exemplo; a mulher de fé, que acreditou sempre e em todas as circunstâncias nas palavras divinas; a "Virgem Maria do Evangelho". Não é uma Senhora 'inatingível' e, consequentemente, inimitável; não é uma "Santinha" de quem se obtêm favores a preços baixos; não é melhor nem mais misericordiosa que Cristo, visto erroneamente como juiz impiedoso.
6. Os grandes documentos do Papa Francisco privilegiam algumas características do rosto mariano da Igreja em saída.
   - Na Encíclica *Lumen fidei* a Igreja mariana vive a fé como Maria, e esta fé consiste em um envolvimento progressivo e concreto com Jesus, que leva a olhar com o olhar do seu filho.
   - Na Exortação *Evangelii gaudium* a Igreja mariana evangeliza com "estilo mariano", pelo qual articula a defesa da justiça com a ternura, e inter-relaciona a atitude contemplativa com a prontidão para colocar-se a caminho. Neste estilo mariano, há um amadurecimento da fé tanto nos momentos e situações mais claras quanto nas "noites", ou situações em que é preciso conviver e discernir na obscuridade.

- Na Encíclica *Laudato si*, a Igreja com rosto mariano aprende a se posicionar diante do mundo ferido pelo mau uso do poder; compadece do sofrimento dos pobres e de todas as criaturas, cuida, reorienta a atitudes mais sábias, com perspectiva de mudança e esperança.
- Na Encíclica *Amoris laetitia*, uma Igreja mariana valoriza o amor humano e as relações familiares, inspirada na Sagrada Família; com espírito de realismo e não de idealismo, e inspiradas na revolução da ternura, as famílias descobrem os sinais de Deus nos acontecimentos familiares e caminham como sujeitos do projeto do Reino.
- Na Exortação *Gaudete et exsultate*, a Igreja mariana, como Maria, vive em santidade com as atitudes "contracorrentes" das bem-aventuranças, testemunha alegria, constrói comunhão, discerne na história os caminhos de Deus, sustenta a esperança dos pobres e sofredores, não julga, não deixa ninguém caído.

7. Finalmente, o Papa apresenta uma hermenêutica do evento de Aparecida em chave de um caminho discipular: como discípula de Jesus, a Mãe se deixa encontrar pelos pescadores na lama do rio, a nos indicar um caminho discipular de serviço e humildade, ou seja, uma Igreja servidora e humilde.

Este longo itinerário nos mostra como o processo de tornar-se uma Igreja em saída é potencializado, no magistério do Papa Francisco, pela figura paradigmática de Maria. Trata-se de um caminho de conversão animado pelo Espírito, que conta com o carinho e a força da serva humilde de Deus, a moldar uma Igreja serva do Evangelho, que testemunha o amor e se põe a serviço.

REFERÊNCIAS

[1] Lúcia Pedrosa-Pádua é doutora em teologia sistemática pela PUC-Rio, onde é pesquisadora e professora em tempo contínuo. Atua nas áreas de Antropologia Teológica, Mariologia e Espiritualidade. Graduada em teologia pela Faculdade Jesuíta de Filosofia e Teologia (Belo Horizonte, MG) e em Economia pela UFMG. Coordena o Ataendi, Centro de Espiritualidade da Instituição Teresiana no Brasil, dedicado à formação de cristãos leigos e leigas, e trabalha na ação pastoral junto a comunidades.

[2] PAPA FRANCISCO. Exortação Apostólica *Evangelii Gaudium*. A alegria do Evangelho, 2013, ns. 17.20.24.46. A partir de agora, a indicaremos apenas como *Evangelii Gaudium*, seguida do número.

[3] PAPA FRANCISCO. *Homilia*. Lampedusa, 8 de julho de 2013.

[4] Até o momento aconteceram três encontros mundiais, sendo dois em Roma (2014 e 2016) e um em Santa Cruz de la Sierra, Bolívia (2015). O Papa se pronunciou em outros encontros nacionais, como em Modesto, Califórnia (2017).

[5] PAPA FRANCISCO. *Discurso no II Encontro Mundial de Movimentos Sociais*. Bolívia. 2015.

[6] Cf. *Evangelii Gaudium*, nº 55-56.

[7] PAPA FRANCISCO. *Discurso aos participantes do III Encontro Mundial dos Movimentos Populares*, 2016. Itálico nosso.

[8] Cf. *Evangelii Gaudium*, nº 222.

[9] *Evangelii Gaudium*, nº 24.

[10] *Evangelii Gaudium*, nº 46.

[11] PAPA FRANCISCO. *Entrevista ao Pe. Antonio Spadaro S.J.*, Diretor da Revista Civiltà Cattolica, agosto-setembro de 2013.

[12] *Evangelii Gaudium*, nº 92.

[13] *Evangelii Gaudium*, nº 119. Cf. *Lumen Gentium* 12.

[14] *Evangelii Gaudium*, nº 120.

[15] Cf. *Evangelii Gaudium*, nº 102.

[16] Cf. *Evangelii Gaudium*, nº 264.

[17] Cf. *Evangelii Gaudium*, nº 120.

[18] Cf. *Evangelii Gaudium*, nº 94-95.

[19] *Evangelii Gaudium*, nº 244.

[20] Toda a Exortação Apostólica *Amoris Laetitia* é dedicada às novas relações familiares. Também a Encíclica *Laudato si'* enfatiza a dimensão relacional de Deus e de cada criatura neste planeta.

[21] LS, nº 13.

[22] *Evangelii Gaudium*, nº 284.

[23] *Evangelii Gaudium*, nº 285.

[24] Também referenciado no Concílio Vaticano II, na Constituição Dogmática *Lumen Gentium* nº 64, em que é desenvolvido o tema da fecundidade virginal de Maria e da Igreja.

[25] *Evangelii Gaudium*, nº 285. Referência do beato Isaac de Estrela: Sermão 51: *PL* 194, 1863 e 1865.

[26] *Lumen Gentium*, nº 63-64.

[27] Assim nos explica Clodovis Boff, em seu comentário à *Lumen Gentium*. Cf. BOFF, C. *Introdução à mariologia*, 2004, p. 111-113.

[28] Citado por Clodovis BOFF, *Introdução à mariologia*, 2004, p. 113.

[29] PINHO, J. E. Borges de. A maternidade de Maria e o rosto materno da Igreja. Humanística e Teologia. Porto, Tomo XXXVIII, Fasc. 2, Dez de 2017, p. 55-79, p. 57.

[30] PAPA FRANCISCO. *Oração*. Ato de veneração à Imaculada. Roma, 2016. Os itálicos são nossos.

[31] PAPA FRANCISCO. *Saudação*. Bênção das Velas. Fátima, 12 de maio de 2017.

[32] PAPA FRANCISCO. Carta Encíclica *Lumen Fidei*. Sobre a fé, 2013, nº 58. A partir de agora citaremos como *Lumen Fidei*, seguido do número.

[33] *Lumen Fidei*, nº 58.

[34] *Lumen Fidei*, nº 60.

[35] *Evangelii Gaudium*, nº 284.

[36] Cf. *Evangelii Gaudium*, nº 285. Ver o Ponto 2, acima.

[37] Lina Boff irá interpretar esta ideia de Francisco de forma sugestiva, dizendo que "Maria é transformadora de situações complexas", como a aludir a uma característica que se faz comum nas mulheres, obrigadas a lidar com a complexidade da maternidade vivida na pobreza. Cf. BOFF, Lina. Maria no contexto da evangelização da Igreja à luz do Vaticano II, 2017, p. 23.

[38] *Evangelii Gaudium*, nº 286.
[39] *Evangelii Gaudium*, nº 287, Título.
[40] Cf. *Evangelii Gaudium*, nº 287.
[41] *Evangelii Gaudium*, nº 288.
[42] Vale a pena ler o estudo de Alexandre Awi sobre a "Revolução da ternura", em que o Papa Francisco, em entrevista, diz que a ternura é como "um voltar ao centro, ao fato de como Deus te ama como Pai", AWI, Alexandre. *"Ela é minha mãe!"*. Encontros do Papa Francisco com Maria, 2014, p. 189.
[43] *Evangelii Gaudium*, nº 288.
[44] *Evangelii Gaudium*, nº 288. Não posso deixar de associar esta oração à bela expressão de E. JOHNSON na qual afirma de Maria que "sua alegria apaixonada, seu protesto e sua esperança fluem através dos séculos e se tornam nossos" (*Nossa verdadeira irmã*, 2006, p. 385-386).
[45] PAPA FRANCISCO. Carta Encíclica *Laudato Si'*. Sobre o cuidado da casa comum, 2015, nº 241. A partir de agora citaremos como *Laudato Si'*, seguido do número.
[46] *Laudato Si'*, nº 42.
[47] PAPA FRANCISCO. Exortação Apostólica *Amoris Laetitia*. Sobre o amor na família, 2016, nº 18. A partir de agora, citaremos como *Amoris Laetitia*, seguida do número.
[48] *Amoris Laetitia*, nº 171.
[49] *Amoris Laetitia*, nº 30.
[50] *Amoris Laetitia*, nº 30. O estudo de Alexandre Awi, já mencionado acima, mostra entrevista com o Papa Francisco, em que ele diz como percebeu, na preparação ao sínodo da família, "um certo jansenismo", um "jansenismo ilustrado" que tende a valorizar mais as questões morais que a relação filial e paternal, especialmente nas questões disputadas, como a comunhão dos divorciados. Atribui a esta postura "o medo da ternura", única capaz de fazer frente a esta postura neo-jansenista. Maria não temeu a ternura, tampouco a Igreja deve temê-la. Cf. AWI, Alexandre. *"Ela é minha mãe!"*. Encontros do Papa Francisco com Maria, 2014, p. 184-189. Esta ideia esteve certamente presente a Francisco quando, mais tarde, redigiu *Amoris Laetitia*.
[51] *Amoris Laetitia*, nº 325.

[52] Exortação Apostólica *Gaudete et Exsultate*. Sobre a chamada à santidade no mundo atual, 2018, nº 176. A partir de agora, citaremos como *Gaudete et Exsultate*, seguido do número.
[53] *Gaudete et Exsultate*, nº 65.
[54] Cf. *Gaudete et Exsultate*, nº 143.
[55] *Gaudete et Exsultate*, nº 176.
[56] *Gaudete et Exsultate*, nº 176.
[57] Cf. *Gaudete et Exsultate*, nº 112-120.
[58] *Gaudete et Exsultate*, nº 176.
[59] *Gaudete et Exsultate*, nº 176.
[60] PAPA FRANCISCO. *Carta a los participantes em la XXXVI Asamblea General del Consejo Episcopal Latinoamericano* (CELAM), San Salvador, 9-12/05/17.
[61] *Evangelii gaudium*, nº 49.

INDICAÇÕES BIBLIOGRÁFICAS

Documentos (em ordem cronológica)

CONCÍLIO VATICANO II. Constituição Dogmática *Lumen Gentium*. Sobre a Igreja, Cap. VIII: A Bem-aventurada Virgem Maria Mãe de Deus no Mistério de Cristo e da Igreja. In: <http://www.vatican.va/archive/hist_councils/ii_vatican_council/documents/vat-ii_const_19641121_lumen-gentium_po.html>. Acesso em: 15/04/2018.

PAPA FRANCISCO. Carta Encíclica *Lumen Fidei*. Sobre a fé. 2013. In: <https://w2.vatican.va/content/francesco/pt/encyclicals/documents/papa-francesco_20130629_enciclica-lumen-fidei.html>. Acesso em: 15/04/2018.

PAPA FRANCISCO. Exortação Apostólica *Evangelii Gaudium*. A alegria do Evangelho. Brasília: CNBB, 2013.

PAPA FRANCISCO. Carta Encíclica *Laudato Si'*. Sobre o cuidado da casa comum. Brasília: CNBB, 2015.

PAPA FRANCISCO. Exortação Apostólica *Amoris Laetitia*. Sobre o amor na família. Brasília: CNBB, 2016.

PAPA FRANCISCO. Exortação Apostólica *Gaudete et Exsultate*. Sobre a chamada à santidade no mundo atual. São Paulo: Paulinas, 2018.

Cartas, Discursos, Entrevistas, Homilias, Orações (em ordem cronológica)

PAPA FRANCISCO. *Homilia*. Lampedusa, 8 de julho de 2013. In: <https://w2.vatican.va/content/francesco/pt/homilies/2013/documents/papa-francesco_20130708_omelia-lampedusa.html>. Acesso em: 15/04/2018.

PAPA FRANCISCO. *Entrevista* ao Pe. Antonio Spadaro S.J., Diretor da Revista Civiltà Cattolica, agosto-setembro de 2013. Disponível em: <http://www.broteria.pt/revista-broteria/artigos/101--entrevista-exclusiva-do-papa-francisco-as-revistas-dos-jesuitas>. Acesso em: 15 abr. 2018.

PAPA FRANCISCO. *Discurso no II Encontro Mundial de Movimentos Sociais*. Bolívia. 2015. Disponível em: <http://w2.vatican.va/content/francesco/pt/speeches/2015/july/documents/papa-francesco_20150709_bolivia-movimenti-popolari.html>. Acesso em: 15 abr. 2018.

PAPA FRANCISCO. *Discurso aos participantes do III Encontro Mundial dos Movimentos Populares*, 2016. In: <http://w2.vatican.va/content/francesco/pt/speeches/2016/november/documents/papa-francesco_20161105_movimenti-popolari.html>. Acesso em: 15/04/2018.

PAPA FRANCISCO. *Oração*. Ato de veneração à Imaculada. Roma, 2016. In: <https://w2.vatican.va/content/francesco/pt/prayers/documents/papa-francesco_preghiere_20161208_immacolata.html> Acesso em 15/04/2018.

PAPA FRANCISCO. *Carta a los participantes en la XXXVI Asamblea General del Consejo Episcopal Latinoamericano* (CELAM), San Salvador, 9-12/05/17. In: <http://w2.vatican.va/content/francesco/es/letters/2017/documents/papa-francesco_20170508_lettera-plenaria-celam.html>. Acesso em: 15/04/2018.

PAPA FRANCISCO. *Saudação*. Bênção das Velas. Fátima, 12 de maio de 2017. In: <http://w2.vatican.va/content/francesco/pt/speeches/2017/may/documents/papa-francesco_20170512_benedizione-candele-fatima.html>. Acesso em: 15/04/2018.

Outros

AWI, Alexandre. *"Ela é minha mãe!"*. Encontros do Papa Francisco com Maria. 5ª ed. (2017). São Paulo/Aparecida: Loyola/Santuário/AMA, 2014.

BOFF, Clodovis. *Introdução à mariologia*. Petrópolis: Vozes, 2004.

BOFF, Lina. Maria no contexto da evangelização da Igreja à luz do Vaticano II. In: Guimarães, Valdivino (Org.). *Maria na liturgia e na piedade popular*. São Paulo/Aparecida: Paulus/AMA, 2017, p. 15-30.

JOHNSON, Elizabeth A. *Nossa verdadeira irmã*. Teologia de Maria na comunhão dos santos. São Paulo: Loyola, 2006.

PINHO, José Eduardo Borges de. "A maternidade de Maria e o rosto materno da Igreja". *Humanística e Teologia*. Porto, Tomo XXXVIII, Fasc. 2, Dez de 2017, p. 55-79.

A marca FSC® é a garantia de que a madeira utilizada na fabricação do papel deste livro provém de florestas que foram gerenciadas de maneira ambientalmente correta, socialmente justa e economicamente viável.

Este livro foi composto com as famílias tipográficas Dunbar Tall, Kozuka Gothic, Qwerty Ability e Segoe e impresso em papel Pólen soft 70g/m² pela **Gráfica Santuário**.